청년아 때가 찼다

(주)죠이북스는 그리스도를 대신한 사신으로
문서를 통한 지상명령 성취와 하나님 나라 확장을 위해 노력합니다.

청년아 때가 찼다
ⓒ 2012 김형국

이 책의 저작권은 저자와 (주)죠이북스에 있습니다.
신 저작권법에 의하여 한국 내에서 보호 받는 저작물이므로 무단 전재와 무단 복제를 금합니다.

청년아 때가 찼다

김형국

차례

추천사 6

들어가며 오늘, 주님의 말씀에 귀 기울여야 할 때 12

때가 찼다 21

하나님의 나라가 53

가까이 왔다 91

회개하여라 127

복음을 159

믿어라 191

나가며 마지막 당부 231

* 이 책은 대학생선교단체 죠이선교회의 2010년 전국여름수양회 메시지를 정리한 것입니다. _편집자 주

추천사

이 책은 마가복음 1장 15절을 청년 청중과 독자의 가슴에 와 닿는 언어로 풀어쓴 강해 설교서다. 저자는 청년들이 처한 삶의 상황을 심층적이고 다각적으로 접근하여 이 구절이 오늘날 청년들에게 어떻게 상관되는지를 풀어헤친다. 알아듣기 쉬운 구어체 언어가 지닌 역동성이 독자로 하여금 저자의 육성 설교를 직접 듣는 느낌으로 인도한다.

이 책의 특징은 다섯 가지다. 첫째, 마가복음 1장 15절을 깊이 있게 강해한다. 본문 주석을 통해 원의를 파악한 후 그 원의를 청중이나 독자의 삶에 상관시키는 솜씨가 아주 인상적이다. 마가복음이 형성된 역사에 대한 친절한 안내와 해설은 마가복음의 원음을 재생하는 데 적절하게 기여하고 있다. 목회자들이나 교회학교 교사들이 저자의 본문 주석 솜씨를 주목할 때 큰 유익을 얻을 것이다.

둘째, 말씀의 청중인 청년을 사랑하고 그들의 처지를 이해하는 저자는 청년들이 직면하는 다양한 문제를 잘 다루고 있다. 자신의 인생이 어느 시점을 지나고 있는지 성찰하도록 이끄는 것이다. 친절하고 진지하지만 글 전체에는 진정성 넘치는 호소력이 묻어난다.

셋째, 이 책은 역사의식을 고취할 뿐만 아니라 경건한 자기관리 훈련의 지침도 풍성하게 제시한다. 저자의 설교를 따라가다보면 청년들은 자신의 내면을 성찰하도록 이끌리게 된다. 그러면서도 청년 독자는 우리 시대와 세계의 역사가 어떤 종국으로 달려가는지에 대한 거시적 조망도 공급받는다.

넷째, 이 책은 단지 생물학적인 청년을 향한 메시지가 아니라 영적 기개가 넘치는 영적 청년을 겨냥한다. 성경적인 의미에서 청년은 그 안에 하나님 말씀이 충만히 거하여 흉악한 자를 이기는 영적 전투력을 갖춘 사람들이다. 그들은 하나님 나라와 교회의 미래를 염려하고 걱정하는 일꾼들이다. 따라서 이 책은 모든 세대의 독자들에게도 호소력을 가질 것이다.

마지막으로 이 책은 초신자들이나 하나님 추구자들에게 복음전도를 위해 집중적으로 읽힐 수 있을 것이다. 이 책에 실린 예화들은 아주 일상적이고 친근한 주제들을 다룬다. 회개의 중요성, 믿기로 결단하는 순간의 중요성, 그리고 카이로스의 중요성에 대한 저자의 논의는 하나님과 신앙에 입문하려는 사람들에게 더없이 흥미롭고 유익한 통찰을 제공할 것이다.

마가복음 청년설교인 「청년아 때가 찼다」는 청년에 대한 진정성 넘치는 사랑을 가진 목회자가 얼마나 풍성한 설교를 할 수 있는지를 잘 예시한다.

김회권 숭실대 교목실장, 가향교회 신학지도목사

젊은이들의 교회 이탈 현상이 심각한 수준이다. 걱정들은 많이 하지만 어디서 어떻게 해결점을 찾아야 할지 막막해한다. 왜 이렇게 떠날까? 한 가지 이유는 교회에서 듣는 메시지가 자신의 삶과 무관하게 들리기 때문 아닐까? 만약 젊은이들이 교회에서 이 세상을 살아갈 비전을 발견하고, 자신의 삶이 단지 예배당 안에 국한되지 않았음을 깨닫는다면, 교회에서 선포되는 메시지에 다시 귀를 기울이지 않을까?

김형국 목사의 "청년아 때가 찼다"는 바로 그런 책이다. 이 시대의 젊은이들에게 하나님 나라의 복음이 얼마나 역사적이고, 현실적이며, 생생하고, 손에 잡히는 메시지인지를 알려준다. 눈에 보이는 현상으로만 해석해 살아갈 때, 이 땅의 모든 이들은 깊은 절망에 빠질 수밖에 없다. 그러나 보이지는 않지만 강력한 실재인 하나님 나라를 발견한다면 이 땅에서 하나님 나라를 누리며 증거하며 살게 될 것이다.

술술 읽히며 빠져들게 되는 이 책을 통해, 본인도 우리의 신앙이 사회적으로, 역사적으로 어떤 구체적인 의미를 갖게 되는지 더욱 선명하게 이해할 수 있었다. 이 책은 쉽고도 깊이 있게 쓰였고, 거대하면서도 세밀한 비전을 갖게 해준다. 설교자로서의 열정과 성경학자로서의 연구와 사회학도의 분석이 통합되어 설파되는 이 메시지를 통해 더욱 많은 젊은이가 자신의 신앙에 담긴 폭발적인 잠재력을 발견할 것이다. 이 책을 읽는 독자들에게 이 땅에서 자신의 꿈을 새롭게 그려갈 놀라운 변화가 일어날 것을 기대하며 일독을 권한다.

김종호 IFES(국제복음주의학생회) 동아시아 부총무

"하나님 나라"는 실존하는 실체일까? 아니면 흐릿한 신기루, 우리의 기대와 염원의 대상일까? 그의 나라는 쟁취하고 건설해야 할 대상일까? 아니면 정말 하늘에서 도적처럼, 군대처럼 밀려들어올 우리 밖의 주체일까?

"하나님 나라"……. 신앙과 인생을 진지하게 고민하고 추구하는 모든 이에게 이 화두는 자신들이 이룬 성취와 만족을 무너뜨리는 당혹감을 준다. 또한 절망의 바닥에서 만나게 되는, 결코 소멸되지 않을 소망의 원천이기도 하다. 마치 카프카 소설 「성」처럼 바로 그의 나라가 눈앞에 있는데, 그 나라에 대한 설명은 넘쳐나는데, 정작 그 안에 들어가 "성"의 시민이 되기는 어려운 곤란함을 인정할 수밖에 없다.

김형국 목사가 쓴 「청년아 때가 찼다」는 이런 솔직한 자기인정에서 시작하고 있다. 그리고 한 사람의 신앙인이자 한 공동체를 책임지고 있는 목자로서 이 문제로 끈질기게 씨름한 흔적이 진하게 배어 있다. 그것은 바로 내 이야기이며 우리 이야기다. 그가 포기하지 않은 씨름 덕분에 우리는 그 나라의 실체에 조금은 더 가까이 가게된다. 그것은 막연한 신기루나 미래에 대한 청사진이 아닌 현재 우리 삶을 규정하는 원칙이며 선언임을 깨닫는다. 우리의 평범한 일상이 실상은 하나님 나라의 영광으로 이미 충만해 있으며 더 충만해야 마땅함을 깨닫는다. 우리의 교회와 신앙 공동체의 근원이 어디이며 어디를 향하고 있는지 발견하게 된다. 삶으로, 또한 사역으로 검증된 증거들이 하나님 나라를 전하는 그의 메시지에 가득하다. 완성은 아닐지 모르지만 부인할 수 없는 하나님 나라의 증거들이며 아름다운 초상이다. 하나님 나라 백성이 마땅히 누려야 할 기쁜 소식이다.

이윤복 죠이선교회 전 대표

들어가며

오늘, 주님의 말씀에 귀 기울여야 할 때

강남에 있는 모 교회에서 사역할 당시의 일입니다. 가끔씩 답답할 때면 노트북을 가지고 나가 길 건너에 있는 카페에서 작업을 했습니다.

어느 날, 주인이 다가와 제게 말을 걸더군요.

"자주 오시네요."

"여기 분위기가 마음에 들어서요. 아늑한 정원처럼 아주 잘 꾸며놓으셨어요."

자연스럽게 대화가 이어진 후에 이 분이 떠나면서 하는 말이,

"다음에 오시면 대포나 한 잔 합시다."

'대포나 한 잔?'

얼마 후 그 카페에 또 가게 되었습니다. 이번에도 주인이 다가와 물어봅니다.

"뭐 하시는 분이세요?"

장난기가 발동한 제가 이렇게 대답했습니다.

"한 번 맞춰보시죠."

테이블에는 일하느라 가져간 영어책과 노트북이 있었습니다. 한참 보더니,

"영어학원 강사?"

"아닌데요."

"아, 여행사 가이드?"

"아닙니다."

이대로는 아무래도 못 맞출 것 같아서 정답을 얘기해 줬습니다.

"저는 목사입니다."

그 순간, 마치 영화 속 한 장면처럼 짧은 정적이 흐른 후에 이 분이 휘익 하고 제게서 50미터 바깥으로 멀어지는 것 같았습니다. 물론 그 분은 제 앞에 그대로 서 있었지만, 상황을 파악하는 1초도 되지 않아 그 분의 마음이 제게서 그렇게 멀리 달아나는 게 느껴진 것이지요. 잠시 어쩔 줄 몰라 하시더니 그냥 돌아서서 가버리더군요. 그리고 다시는 제 테이블 가까이 오지 않았습니다.

그날, 저는 카페를 나서면서 커다란 슬픔을 느꼈습니다. 내가 그리스도인이고 목사라는 사실을 밝혔을 때 이 사람이 멀어진 것은 대체 무엇을 말하는가, 앞으로 이 사회에서 나는 목사라는 사실을 숨기고 살아야 하는가 싶은 슬픔이었습니다.

여러분은 어떻습니까? 그리스도인으로 불리는 것이 자랑스러운가요? 여러분이 그리스도인이라는 사실을 친구에게 얘기했을 때, 또는 여러분이 그리스도인 모임에 친구를 초청했을 때 친구들의 반응은 어떠합니까? 혹, 기뻐하고 반가워하기보다는 불편해하고 싫어하

지 않습니까? 혹시 친구들 사이에서 그리스도인이라는 사실을 숨기고 있지는 않습니까?

한국에서 신뢰할 만한 직업을 묻는 설문 결과, 종교인 가운데 기독교 목사가 가장 아래쪽 순위를 차지했다고 합니다. 그뿐 아니라 요즘 한국 사회에서 기독교를 향한 부정적이고 냉소적인 반응은 굳이 찾아보지 않아도 아주 쉽게 접할 수 있는 지경이 되었지요. 오늘날 그리스도인은 사회에서 자연스럽게 받아들여지지 않을 뿐만 아니라 심지어 거부당하기도 합니다. 우리 사회에서 그리스도인은, 교회는, 목사는 그런 존재가 되었습니다. 왜 이런 상황이 벌어진 것일까요?

그 답은 아마도 인도의 위대한 스승 간디가 한 말에서 찾을 수 있을 것입니다. "나는 예수를 사랑한다. 그러나 그리스도인은 싫어한다. 왜냐하면 그들은 예수를 닮지 않았기 때문이다." 간디는 예수님을 굉장히 좋아했고 산상수훈을 최고의 명연설이라고 생각했습니다. 그러나 그는 그리스도인이 싫다고, 그들은 그들이 믿는다고 말하는 예수님을 따르지 않는다고 얘기합니다. 간디가 본 그리스도인들은 왜 예수님을 닮지 않았을까요? 우리 주변에 있는 그리스도인들은 어떻습니까? 우리 사회에서 기독교인이라고 하는 많은 사람이 예수님을 닮지 않은 이유는 무엇일까요?

바로 예수님을 모르기 때문입니다. 많은 그리스도인이 예수님을 믿는다고, 예수님을 사랑한다고 자신 있게 말하지만, 정작 예수님을 설명해 달라고 청하면 그들의 대답은 고작해야 1-2분, 길어야 3분을 넘기지 못합니다. 예수님을 잘 모르는 것입니다. 알지도 못하는 분을 어떻게 닮아갈 수 있겠습니까?

예수님은 왜 이렇게 알쏭달쏭한 분이 되셨을까요? 자신을 따르라고 하시면서 자신이 어떤 분인지 가르쳐주지 않으셨나요? 그분은 알려주셨습니다. 예수님은 자기 자신이 누구이며 자기 속에 어떤 뜻을 품고 계신지를, 이 땅에 사시는 동안 생명을 걸고 외치셨습니다. 이 예수님이 오늘날에도 우리에게 동일하게 외치고 계십니다. 그분은 우리가 당신을 정말 알기를 원하십니다. 우리가 그분의 진심을, 그분이 세상을 바라보고 사랑하는 방식을 정말 알게 되기를 간절히 원하십니다.

예수님을 알아가기 시작한다면 우리는 그분에게 매료당하지 않을 수 없습니다. 너무 멋지고 매력적이어서 그분을 따라가지 않을 도리가 없습니다. 그분을 따라가고 그분을 가까이하다 보면 우리 자신이 그분을 닮지 않을 수가 없습니다. 문제는, 이 예수님을 우리가 모른다는 것뿐입니다. 예수님을 알기 시작하면 그분을 닮아가는 것은 자연히 따라오는 결과입니다. 그럼, 우리는 어떻게 예수님을 알 수 있을까요?

예수님을 가장 잘 기록한 문서가 있습니다. 예수님과 동고동락한 제자들이 남긴 네 권의 복음서가 그것입니다. 마태복음, 마가복음, 누가복음, 요한복음에는 예수님에 대한 고급 정보가 가득 들어 있습니다. 그중에서 가장 먼저 쓰인 것이 마가복음입니다. 마태와 누가 두 사람은 이미 기록된 마가복음을 읽고 마가복음에 있는 많은 자료를 그대로 가져와 약간씩 고쳐서 자신의 복음서에 사용했습니다. 그러나 마태와 누가가 서로의 복음서를 읽은 흔적은 없습니다. 요한은 마가복음, 마태복음, 누가복음이 다 기록되고 한참 뒤에, 가장 늦게 복음서를 썼습니다. 그 때문에 예수 그리스도에 대한 신학적인 해석이 두드러지지요. 요한도 마가복음을 읽었을 가능성이 굉장히 높습니다. 이렇게 보면 마가복음은 예수님이 지상에 사셨던 때에서 가장 가까운 시기에 쓰인 굉장히 중요한 문서입니다. 이 마가복음에서 가장 핵심적인 구절이 바로 우리가 읽으려고 하는 1장 15절(새번역)입니다.

"때가 찼다. 하나님의 나라가 가까이 왔다. 회개하여라. 복음을 믿어라."

마가복음 1장 15절의 기록은 요한이 잡힌 후 예수님이 갈릴리에 오셨을 때(14절) 한 번 말씀하신 내용을 옮겨놓은 것이 아니라 예수님의 삶 전체, 사역 전체를 통해 반복하여 선포하신 말씀을 요약하여 나타낸 것입니다. 그러므로 이 말씀은 마가복음의 주제절이라고 할 수 있고, 마가가 증거한 예수님의 중심 메시지라고도 말할 수 있습니다. 한번 읽고 지나가면 되는 말씀이 아니라 마가복음 전체를 이해하는 데 열쇠가 되는 핵심구절입니다. 짧은 단문들로 명료하게 구성되어 있지만, 한 단어 한 단어가 풍성한 의미를 지닌 함축적인 구절입니다.

이 구절을 여섯 장에 나누어 살펴보는 동안 예수님이 가르치고 싶으셨던 말씀의 핵심을 보게 될 것입니다. 만일 우리가 이천여 년 전 주님이 생명을 걸고 외치신 말씀, 오늘 우리에게도 동일하게 외치시는 주님의 그 말씀에 귀를 기울인다면, 우리는 그분을 알아가고 사랑하고 닮아가지 않을 수 없을 것입니다. 오늘날에도 외치고 계시는 그분의 말씀에 귀 기울여봅시다.

요한이 잡힌 뒤에, 예수께서 갈릴리에 오셔서,
하나님의 복음을 선포하셨다.

"때가 찼다. 하나님의 나라가 가까이 왔다.
회개하여라. 복음을 믿어라."

마가복음
1장 14-15절, 새번역

때가 찼다

지금 이 책을 손에 들고 있는 때는 여러분에게 어떤 때입니까? 아침일 수도 있고, 오후 어느 카페에서 이 책을 읽고 있을 수도 있습니다. 아니면 밤늦은 시각에 이 책이 내게 무슨 의미가 있을까 싶어서 읽기 시작하고 있을지도 모릅니다. 분명히 우리는 이렇게 기계적인 시간을 의식하면서 살아갑니다. 그런데 만약 조금 다르게 질문을 한다면 여러분은 어떻게 답변하시겠습니까? "요즈음 사는 게 어때? 인생의 어떤 때를 지나가고 있는 것 같아?"라는 질문에 우리는 "지금은 오후 8시야"라고 답하지 않습니다. "요즈음은 사는 게 무슨 의미가 있는지 고민이 되는 때야." "내 삶의 의미를 찾고 있는 때야." "특별한 사람들을 만나서 특별한 꿈을 꾸기 시작한 때야." 똑같이 '때'에 대해서 질문했지만, 맥락에 따라 우리는 기계적인 시간이 아닌, 특별한 의미가 있는 때라는 의미로 대답합니다. 정말, 이 책을 손에 들고 있는 이 '때'는 여러분의 인생에서 어떤 '때'입니까?

우리 인생의 '때'

우리가 살펴보려는 핵심구절의 첫 문장은 "때가 찼다"입니다. 예수님이 이스라엘 백성에게 "때가 찼다"고 선포하셨습니다. 자연스럽게 이런 의문이 듭니다.

"때가 차다니, 무슨 때?"

마가복음은 당시 공용어인 헬라어로 기록되었는데, 15절은 '때'를 의미하는 단어로 '카이로스'를 사용하고 있습니다.

헬라어에서 시간, 때를 가리키는 단어로는 크로노스와 카이로스가 있습니다. 크로노스는 물리적인 시간을 말합니다. 지금 이 순간에도 똑딱똑딱 흘러가는 시간이 바로 크로노스입니다. 영어 'chronology'는 시간 순으로 기록한 연대표, 연대기를 말하지요. 성경에서 역사를 다룬 역대기를 영어로 'Chronicles'라고 합니다. 헬라어 크로노스는 바로 이런 단어들에 깔려 있는 단어입니다. 이렇게 흘러가는 시간이 크로노스라면, 카이로스는 특별하게 규정된 어떤 기간을 의미합니다. 카이로스의 의미를 이해하기 위해 마가복음에서 같은 단어가 사용된 다른 구절들을 살펴보겠습니다.

"현세에 있어(in this present age) …… 박해를 겸하여 받고"(10:30). 여기서 현세라는 말은 '현재의 이 기간 동안', '특별하게 정해진 기간 동안'을 뜻합니다. 영어 'age'에 해당하는 단어가 카이로스입니다. "무화과의 철이 아니었기 때문"(11:13, 새번역)에서 카이로스에 해당하는 말은 '철'(season)입니다. 12장 2절에도 나옵니다. "[수확할] 때(harvest time)가 되어서"(새번역). 수확하는 '때' 역시 카이로스입니다. 영어로는 time, age, season 등 여러 단어로 번역되었습니다. 또 "조심하고 깨어 있어라. 그 때가 언제인지를 너희가 모르기 때문이다"(13:33, 새번역)라고 하는, 예수님이 다시 오실 그 '때'도 어떤 정해진 때를 말합니다. 이렇게 사용되는 카이로스는 분명 크로노스와 다른 단어입니다. 크로노스가 한결같이 쭉 흘러가는 시간이라면 카이로스는 한 번(순간)이든 기간이든 특별히 규정된 시간입니다. 특별히 의미가 부여된 시간을 카이로스라고 부릅니다.

우리가 살아가는 인생에도 카이로스와 크로노스가 있습니다. 물리적인 시간, 크로노스는 쭉 흘러갑니다. 가만히 있어도 나이가 들어가지요. 십 대는 곧 이십 대가 되고, 어느 새 삼십 대가 되고, 또 그냥 살다 보면 사십 대가 됩니다. 저는 오십 대가 되었습니다. 여러분은 크로노스적으로 스무 살 안팎의 청년 시기를 살고 있는데, 만약 이 시기에 특별한 의미를 부여한다면 지금은 여러분에게 카이로스적 청년기가 됩니다. 나중에 여러분이 인생을 회고하면서, "나는 청년의 때에 인생의 기반이 잡혔어", "청년의 때에 인생의 가치관을 세웠지", "내 청년의 때에 정체감이 생겼어", "나는 청년의 때에 내 목숨을 걸 만한 것이 무엇인지 발견하고 깨달았어"라고 말할 수 있다면 그 '청년의 때'가 바로 여러분의 카이로스인 것입니다. 이처럼 크로노스는 흘러가는 것이지만 카이로스는 의미가 부여된 특별한 시간을 뜻합니다.

우리 영혼의 '카이로스'

우리 인생에 카이로스적 청년기가 있다면 영적인 면에서도 카이로스가 있습니다. 사람들은 교회를 다니면, 시간이 흐름에 따라 자연히 영적으로도 성장할 거라고 생각합니다. 우리 몸이 크로노스적으로 성장하듯이 우리 영혼도 가만히 있으면 자라난다고 생각하는 것이지요. 그러나 영적 성장은 결코 크로노스적으로 설명할 수 없습니다. 시간이 흘러간다고 해서 영적으로 성장하는 것이 아니라는 말입니다. 영적 성장은 카이로스적으로만 설명할 수 있습니다.

성경은 영적 성장을 보통 세 단계로 이야기합니다(요일 2장). 영적 아이, 영적 청년, 영적 부모가 그것입니다. 우리 영혼의 성장에는 영적 아이의 때, 영적 청년의 때, 영적 부모의 때가 있습니다.

영적 아이는 아버지와 관계가 막 시작된 사람입니다. 예수 그리스도를 통해 하나님 아버지와 관계를 맺을 수 있게 된 사람이지요. 영적 아이는 하나님이신 예수님을 통해, 아무것도 잘한 것 없는 내가 구원을 받았다는 사실에 감격합니다. "아, 내가 하나님을 아버지라고 부를 수 있게 되었구나." "내가 잘한 것이 하나도 없는데 예수님께서 이렇게 하셨구나." 이런 감격 속에서 하나님을 알아가기 시작하고 하나님과 인격적 관계를 맺기 시작하는 것, 이것이 영적 아이의 특징입니다. 영적 아이의 또 다른 특징이 있습니다. 자기 혼자 잘 살아남지 못한다는 것입니다. 아기는 누군가가 돌봐줘야만 살아남을 수 있고 자랄 수 있습니다. 혼자서는 생존 자체가 불가능합니다. 영적 아이의 특징 또한 그와 같습니다. 하나님 아버지와 관계가 시작되자마자 혼자 잘 성장하는 사람은 없습니다. 돌보고 도와줘야 합니다.

이런 영적 아이의 때를 지나고 있는 사람은 누구일까요? 영적 성장에서 "저는 예수 믿은 지 십 년 됐어요", "저는 모태신앙이라서 이십 년도 넘었어요"라고 크로노스적 시간을 말하는 것은 의미가 없습니다. 영적 아이의 특징을 보이고 있습니까? 그렇다면 교회를 십 년 다녔든 이십 년 다녔든, 영적으로는 아이의 때에 머물러 있는 것입니다.

영적 청년의 때에 와 있다고 얘기하는 사람도 있을 것입니다. 청년의 특징으로 두 가지를 말할 수 있습니다. 첫째는 자립하기 시작한다는 것이고 둘째는 자아정체감이 생긴다는 것입니다. 완전한 독립은 아니더라도 스스로 살아나갈 수 있도록 자립을 배워나가고 나 자신이 누구인지를 발견해가는 시기가 청년의 때입니다. 영적 청년도 마찬가지입니다. 예수님을 사랑하기 때문에 그분을 통해서 자기가 누구인지를 알게 됩니다. 영적 아이일 때는 모호하고 흔들리던 정체감이 영적 청년이 되면 확실해집니다. '나는 이런 사람이다', '예수님 때문에 이런 존재가 되었다' 하는 자아정체감이 예수 그리스도에 의해서 분명해집니다. 그뿐 아니라 예수님과 사랑의 관계를 맺고 있기 때문에 그 속에서 인생을 살아가는 자립의 능력을 갖추기 시작합니다. 누가 돌봐주지 않아도 스스로 하나님의 은혜를 누리고 그 은혜에 감격하고, 넘어졌다가도 은혜로 다시 일어날 줄 아는 사람이 영적 청년입니다. 자신의 인생이 하나님으로 말미암아 어떻게 새롭게 되었는지, 어떻게 새롭게 살 수 있는지를 알아가기 시작하는 것이 영적 청년기의 특징입니다.

인생의 청년기를 살고 있는 여러분은 영적으로도 청년기에 이르러 있습니까? 어떤 사람은 이렇게 생각할지도 모릅니다. '아, 나는 영적 아이에서 영적 청년으로 넘어가는 과정에 있는 영적 유소년이구나. 그중에서도 영적 아이를 갓 벗어난 중학생 쪽에 가까운데…….' 그런가 하면 인생의 크로노스적 나이는 열아홉 살밖에 되지 않았다 하더라도 이미 영적으로는 부모인 사람도 있을 수 있습니다.

영적 부모의 특징은 무엇일까요? 부모는 아이를 낳은 사람입니다. 부모는 아이를 낳고 정성껏 키웁니다. 아이를 낳기만 하고 키우지 않는 사람들도 있긴 하지만 그것은 부모의 역할을 저버리는 것입니다. 영적 부모란 사람들이 영적으로 태어날 수 있도록 돕고, 갓 태어난 영적 아이가 잘 자랄 수 있도록 돌보는 사람을 말합니다. 그뿐 아니라 영적 부모는 가정을 꾸리고 이끌어갑니다. 하나님의 공동체, 예수 그리스도의 공동체를 이끌 수 있는 사람들이 영적 부모입니다.

이제 여러분이 어디에 와 있는지 곰곰이 생각해 보시기 바랍니다. 영적 성장 과정에서 여러분은 갓 태어난 영적 아이로서 돌봄을 받고 있습니까? 자립을 배우고 훈련하는 영적 청년으로서 새로운 자아정체감을 발견해가고 있습니까? 영적 부모로서 다른 이들의 영적 탄생을 도우며 사랑으로 양육하고 공동체를 섬기며 이끌고 있습니까? 인생에서는 비슷한 청년기를 지나고 있지만 영적 성장으로 보면 사람마다 다른 지점에 서 있을 수 있습니다.

청년의 때를 지나고 있는 여러분에게

청년들을 만날 때마다 제 마음에는 큰 부담감과 기대감이 있습니다. 여러분이 지금 지나고 있는 청년의 때가 몹시 소중하기 때문입니다. 아직 젊으니까 시간이 많이 있다고 생각할지 모르지만, 그것은 착각입니다. 청년의 때는 금방 지나가버리고 맙니다. 우리 인생은 매우 짧고 우리에게 주어진 때는 매우 제한적입니다. 대학 시절은 인생에서 하나님께 돌아와 제대로 설 수 있는 거의 마지막 기회입니다. 그 이후에는 방향을 전환할 여유가 많지 않습니다.

대학을 졸업하고 나면 세상으로 나가야 합니다. 졸업하고 여러분이 만나게 되는 세상은 유속이 굉장히 빠른 거대한 강물과 같습니다. 세상에 발을 내딛는 순간부터 여러분은 꼼짝없이 그 흐름에 휩쓸려 떠내려가든, 그 흐름을 거슬러 올라가든, 애쓰고 버둥대면서 사십까지 가버립니다. 보통은 대학 졸업 후 마흔 살까지 도무지 정신을 차릴 수가 없습니다. 쭉, 쭉, 쭉 밀려서 가다 보면 마흔이 되어 있습니다. 그런데 마흔이 넘으면 인생은 이미 거의 다 결정되어 있습니다. 결혼도 했고 아이들도 있고 직업도 있습니다. 나와 연결되어 있고 내가 책임져야 하는 것이 많기 때문에, 그때 가서는 방향을 수정하고 싶어도 그만큼 부담과 저항이 클 수밖에 없습니다. 과감히 다른 선택을 하기보다는 그대로 평생을 밀려갈 가능성이 더 크지요.

그렇다면 3, 4년의 대학 시절 동안 여러분이 어떤 결정을 하고 어떤 준비를 해서 어떤 자세로 세상에 들어가느냐는 매우 중요합니다. 앞으로의 15년이 세상 속에서 떠내려가는 삶이 될지, 아니면 이 떠내려가게 하는 세상 속에서 어떻게든 살아남으려고 발버둥치는 삶이 될지, 또는 이 무서운 흐름을 거슬러 올라가면서 자기가 가야 할 방향으로 나아가는 삶이 될지, 그것을 결정하는 시간이 바로 지금입니다. 대학 시절에 하나님께 제대로 돌아온다면, 하나님은 여러분을 붙잡으실 것입니다.

대학생활에서 해야 할 것이 무척 많습니다. 그런가 하면 시간은 빨리 지나가는지 모릅니다. 딱히 해놓은 것도 없는데 일 년이 금세 지나갑니다. 몹시 소중하지만 그만큼 매우 짧은 이 기간에, 인생의 방향을 결정해 주고 인생살이의 방식을 알려주며 인생을 살아갈 힘을 주실 수 있는 한 분을 제대로 알 수 있다면 여러분의 청년기는 인생에서 가장 소중한 순간이 될 것입니다. 그리고 청년의 시기를 지나는 동안 여러분이 영적 아이 수준에서 최소한 영적 청년까지는 자란다면, 대학을 졸업하고 만나게 되는 세상에서 여러분은 분명 세상 사람들과 다른 종류의 삶을 살아갈 것입니다.

하나님이 기다려온 '카이로스'

지금까지 카이로스적 '때'에 대해 길게 이야기했습니다. 이제 카이로스가 의미하는 바를 이해했을 것입니다. 그런데 우리가 인생의 어느 때에 와 있는지, 또 우리가 영적 성장의 어느 때에 와 있는지보다 더 중요한 '때'가 있습니다. 심지어 인생에서 가장 소중한 청년의 때를 어떻게 보낼지보다도 더 심오한 그 '때'는 바로 하나님이 생각하시는 '때', 하나님이 중요하게 여기시는 '때'입니다.

예수님이 선포하신 복음의 첫 구절은 이것입니다. "때가 찼다." 헬라어 원어에서는 '때'를 '호 카이로스'(*ho kairos*)라고 적고 있습니다. '호'는 정관사로서 강조의 의미가 있습니다. 영어의 'the'를 생각하면 됩니다. 예수님은 "그 때가 찼다"고 힘주어 말씀하신 것입니다. 그 때란 무엇일까요?

마가복음 1장 서두를 다시 살펴봅시다. 1장 1절을 시작하자마자, 마가는 세례 요한이 요단강에 와서 죄 사함을 받게 하는 세례를 주었다는 이야기를 전합니다.

> 하나님의 아들 예수 그리스도의 복음의 시작이라 선지자 이사야의 글에 보라 내가 내 사자를 네 앞에 보내노니 그가 네 길을 준비하리라 광야에 외치는 자의 소리가 있어 이르되 너희는 주의 길을 준비하라 그의 오실 길을 곧게 하라 기록된 것과 같이 세례 요한이 광야에 이르러 죄 사함을 받게 하는 회개의 세

례를 전파하니 온 유대 지방과 예루살렘 사람이 다 나아가 자기 죄를 자복하고 요단강에서 그에게 세례를 받더라(1장 1-5절).

그런데 마가는 선지자 이사야의 글이라고 썼지만 "내 사자를 네 앞에 보내노니 그가 네 길을 준비하리라"라는 말씀은 말라기 3장 1절입니다. 그 뒤에 나오는 "광야에 외치는 자의 소리가 있어 이르되 너희는 주의 길을 준비하라 그의 오실 길을 곧게 하라"는 이사야 40장 3절 말씀입니다. 사실은 말라기 3장 1절과 이사야 40장 3절을 합쳐 놓은 말씀인 것입니다. 마가는 왜 이 두 말씀을 인용하고 있을까요? 구약 시대부터 이스라엘 백성이 오랫동안 기다려온 '그 때'가 도래하고 있음을 알리기 위해서입니다. 그 때가 오기 직전에 먼저 와서 그 시대의 도래를 알려줄 것이라고 성경에 기록된 주의 사자, 그래서 온 이스라엘이 기다려온 그 사자가 바로 세례 요한이라는 것입니다.

이스라엘을 향한 하나님의 뜻

오늘날 이스라엘이라는 나라는 세계에서 분쟁을 일으키는 나라로 여겨지지만 성경에 기록된 초기 이스라엘은 나라라고 부를 수 없을 정도로 소수민족이었습니다. 이집트 땅에서 변변한 이름도 없이 노예로 지내던 이스라엘이 종족 말살을 당하기 직전에 그 땅을 탈출할 수 있었던 것은 하나님이 그들을 불쌍히 여기셔서 구원하셨기 때문입니다. 20세기에 있었던 보스니아 인종 청소나 르완다 학살, 유대인 홀로코스트뿐 아니라 인류 역사에서 종족 말살은 계속 있어왔습니다. 오래전 이집트에서도 노예로 있던 이스라엘 민족이 번성하자, 그대로 두었다가는 이스라엘이 더 강력해져서 위협이 될 거라고 판단한 이집트가 이스라엘 남자아이들을 모두 죽이기 시작했습니다. 이스라엘이 곧 지구상에서 완전히 사라질지 모르는 위태로운 지경에 처해 있던 그 때, 하나님이 이스라엘 민족의 부르짖는 소리를 들으시고 불쌍히 여기셔서 그들에게 다가가 그들을 구원해내셨습니다. 이스라엘이라는 나라가 가나안 땅에 들어가게 된 데에는 이런 역사적인 배경이 있습니다.

이스라엘 역사에서 우리는 하나님이 이렇게 보잘것없는 사람들을 쓰시는 하나님임을 알게 됩니다. 사람들에게 천대와 박해를 받던 민족, 한 나라로서 이름도 변변히 갖추지 못한 그 민족을 하나님은 불쌍히 여기시고 선택하십니다. 하나님의 선택 기준은 첫째가 '별 볼일 없는 사람'입니다. 보통 수준 이하의, 소망이 없는 사람들을 하나님은 선택하십니다. 이렇게 선택된 이스라엘이 교만해질 것을 우려하여 하나님은 신명기 7장 7절에 못 박듯이 말씀하셨습니다. "여호와께서 너희를 기뻐하시고 너희를 택하심은 너희가 다른 민족보다 수효가 많기 때문이 아니니라. 너희는 오히려 모든 민족 중에 가장 적으니라." 고대에는 국력 기준이 구성원 수였습니다. 그러나 여호와 하나님은 이스라엘을 택하신 이유가 이스라엘이 인구가 많은 대국이어서가 아니라 오히려 매우 작은 민족, 가장 약한 민족이기 때문이라고 말씀하십니다.

그런데 이스라엘을 택하신 또 다른 이유가 있습니다. 출애굽기

19장 6절에서 하나님은 이스라엘을 '제사장 나라'로 삼겠다고 말씀하셨습니다. 제사장은 사람들이 하나님께 나와서 예배드릴 수 있도록 하나님 앞으로 사람을 이끌어오는 일을 합니다. 그렇다면 제사장 나라는, 세상의 모든 나라가 하나님께 예배드릴 수 있도록 이끌어가는 자들의 나라일 것입니다. 참 이상한 일입니다. 세상에서 가장 별 볼 일 없는 민족을 택하셔서, 온 세상 사람들을 하나님께로 이끄는 일을 맡기시겠다는 것입니다. 그것이 우리가 이해할 수 없는 하나님의 방식입니다. 이 땅과 이 세상 사람들을 사랑하시는 하나님의 방법입니다. "내가 소망 없는 너희를 이토록 사랑했으니, 너희는 나만 섬기어 나를 세상에 드러내라." 이것이 하나님의 뜻이었습니다.

이스라엘의 역사, 하나님의 뜻 좌절의 역사

이러한 하나님의 사랑에 이스라엘은 어떻게 응답했을까요? 애석하게도, 구약 이스라엘의 역사는 하나님의 뜻을 저버리는 역사였습니다. 하나님은 끊임없이 이스라엘에게 회개할 것을 요청하시지만 이스라엘은 끊임없이 거절했습니다. 하나님은 선택받은 이스라엘 민족이라 할지라도 그들이 하나님을 신뢰하지 않는다면, 이집트를 치신 것처럼 이스라엘의 악에 대해서도 똑같이 공의로 심판하겠다고 거듭 경고하셨습니다. 그러나 슬프게도 이스라엘 백성은 하나님을 두려워하지 않았습니다. 결국 이스라엘은 남과 북으로 나뉘고 북 이스라엘은 주전 722년에 앗시리아에게, 남 유다는 주전 586년에 바벨론에게 멸망당하고 맙니다. 에스라와 느헤미야 시대에 이스라엘 백성이 귀향해서 성전을 재건하고 예루살렘 성벽을 다시 쌓는 일이 일어나긴 하지만, 그래서 이스라엘이 다시 세워지는 듯하지만, 결국 다윗 왕조는 복원되지 않습니다. 그리고 다시 주변 국가들에 노략 당합니다.

그 후 주전 150년경, 마카비우스 형제가 시리아의 지배에 대항하여 일어났습니다. 마카비우스 형제의 게릴라전으로 시리아의 용맹한 장군들이 이끄는 대군을 물리쳤기 때문에 유대인들은 이들을 민족의 영웅으로 여깁니다. 이 때 예루살렘 성을 탈환해서 이스라엘의 영광을 회복한 것을 기념하여 '수전절'(하누카)이라는 절기가 생겼고 지금도 유대인들은 유월절, 부림절과 함께 이 수전절을 세 개의 중요한 절기로 지키고 있습니다.

그러나 이렇게 회복된 나라도 곧 다시 시리아에 무너지고, 주전 63년이 되면 패권이 또 바뀌어서 로마가 시리아를 정복합니다. 로마의 폼페이우스가 예루살렘에 입성한 이후 로마의 권력자가 바뀌면서 이스라엘 역사도 춤을 추기 시작합니다. 이 지리멸렬한 역사 속에서 헤롯 대왕이 등장합니다. 헤롯 대왕은 친로마주의자로, 강대국을 등에 업어야 한다고 생각하는 자였습니다. 이제 이스라엘은 로마 제국의 역사에 함께 얽혀 들어갑니다. 당시 로마 제국에서는 안토니우스와 옥타비아누스가 황제 자리를 놓고 경쟁하고 있었는데 헤롯 대왕은 안토니우스를 지지했습니다. 그런데 옥타비아누스가 황제에 등극한 것입니다. 헤롯 대왕이 어떻게 했겠습니까? 지지하던 사람이 아니라 그 경쟁자가 황제에 오른 상황이 되자 그는 로마까지 찾아갑니다. 옥타비아누스 황제 앞에서 왕관을 내려놓고 "소신이 죽을죄를 지었습니다. 저를 죽여주십시오. 저는 왕이 될 수 없습니다"라고 말합니다. 속국의 왕이 로마까지 찾아와서 왕관을 내놓으며 잘못했다고 하는 데 감동한 옥타비아누스는 헤롯에게 염려 말고 돌아가라며 다시 왕관을 씌워주었습니다. 헤롯 대왕은 자신의 왕좌를 지키기 위해서라면 이렇게까지 할 수 있는 로마주의자였습니다. 저는 우리나라 대통령들이 대통령만 되면 자꾸 미국에 가는 걸 볼 때마다 헤롯 대왕이 떠오릅니다.

로마 황제의 인가를 받고 돌아온 헤롯은 권력기관을 마련하고 피의 숙청을 시작합니다. 아내, 장모, 동서, 다른 왕족, 심지어 자기 자식까지 자신의 권력에 위협이 되는 모든 사람을 제거했습니다. 그리고 민중의 고혈을 짜서 건축과 토목 사업을 일으킵니다. 황제 신상과 극장, 경기장, 체육관, 목욕탕 등 로마식 건축물들을 세우고 빌립보 같은 새로운 도시를 많이 만들었습니다. 오늘날 팔레스타인에서 볼 수 있는 유적들은 대부분 헤롯 대왕이 만든 것입니다. 잔인한 헤롯 대왕은 주전 4년, 예수님이 태어나신 그 때쯤 여리고에서 죽임을 당하고, 유대 영토는 헤롯의 세 아들인 아켈라오와 빌립과 안디바가 나눠 갖게 되었습니다.

이런 일이 벌어지는 동안 이스라엘 백성은 더 이상 망가질 수 없을 정도로 망가져갔습니다. 그나마 있던 나라는 세 개로 쪼개지고, 로마에 붙은 권력자들은 돈을 벌고, 종교 지도자들은 힘 있는 자들에게 붙어서 형식적인 예배를 드리며 자기 배만 불리고, 가난한 민중은 더욱 가난에 찌들어갔습니다. 암울하기 그지없던 그 때, 그 때가 바로 예수님이 오신 때입니다.

누구의 '때'인가

정말 별 볼 일 없던 작은 민족을 선택하셔서 제사장 나라로 삼겠다는 비전을 보여주시고 그들을 이끌고자 하신 주님을 저버린 것, 점점 더 쇠락하면서 나라가 쪼개지고 없어지고 회복되는 듯하다가 또 망하고 나중에는 셋으로 쪼개져서 소망조차 사라진, 완전히 바닥까지 내려간 것이 구약 이스라엘의 역사입니다. 그러나 이미 구약에서 하나님은 이 깨지고 망가진 세상을 회복하겠다고 말씀하셨습니다. 대표적인 것이 다니엘이 꾼 꿈과 그 꿈을 해석한 다니엘 7장입니다.

> 내가 또 밤 환상 중에 보니 인자 같은 이가 하늘 구름을 타고 와서 옛적부터 항상 계신 이에게 나아가 그 앞으로 인도되매 그에게 권세와 영광과 나라를 주고 모든 백성과 나라들과 다른 언어를 말하는 모든 자들이 그를 섬기게 하였으니 그의 권세는 소멸되지 아니하는 영원한 권세요 그의 나라는 멸망하지 아니할 것이니라(7장 13-14절).

> 옛적부터 항상 계신 이가 와서 지극히 높으신 이의 성도들을 위하여 원한을 풀어주셨고 때가 이르매 성도들이 나라를 얻었더라(7장 22절).

> 나라와 권세와 온 천하 나라들의 위세가 지극히 높으신 이의 거룩한 백성에게

붙인 바 되리니 그의 나라는 영원한 나라이라 모든 권세 있는 자들이 다 그를 섬기며 복종하리라(7장 27절).

다니엘서뿐 아니라 다른 예언서들도 동일하게 얘기하는 메시지는 이것입니다. "이스라엘을 통해 전 세계를 구원하시려던 하나님의 계획은 이스라엘의 불순종으로 말미암아 중단되고 폐기되었으나, 이제 하나님이 직접 당신의 종, 당신의 메시아를 보내서 이스라엘을 회복하고, 회복된 이스라엘을 통해 세상이 다시 돌아오게 하실 것이다." 예언서들은 모두 이 메시지를 반복적으로 전하고 있습니다. 그런데 말라기가 기록되고 난 후로 오랫동안 예언이 없었습니다. 신구약 중간기라고 불리는 약 400년 동안, 회복하시겠다는 하나님의 음성이 다시 들리지 않은 것입니다.

그렇게 오랜 침묵 후에 드디어 세례 요한이 나타나서 "이제 내 뒤에 오시는 분은 하나님의 영으로 세례를 주실 것인데 그분이 곧 오신다. 나는 그분의 길을 예비하러 왔다"고 말합니다. 마가는 세례 요한의 이 이야기를 기록한 다음, 이제 바로 이스라엘이 그토록 기다려온 '그 때'가 찼다고 쓴 것입니다. 마가의 이 글을 읽은 이스라엘 백성의 마음은 어땠을까요? 비탄으로 얼룩졌던 마음에 한 줄기 서광이 비쳐오는 것을 느끼며 환호했을까요?

그러나 당시 유대 땅에 살고 있던 사람들은 그 때를 기다리고 있지 않았습니다. 그들은 절망하고 있었습니다. 이미 모든 소망이 좌절되었고 하나님의 존재조차 의심스러웠습니다. 그들을 가나안 땅으로 인도했다는 신이 정말 있었는지, 다윗과 솔로몬의 영화로운 황금기가 신화가 아닌 실제 역사가 맞는지, 그들 눈앞에 보이는 현실로는 도저히 믿을 수 없었습니다. 그들은 완전히 절망에 빠져 있었습니다.

이 '때'는 이스라엘 민족이 기다리고 있던 때라기보다는 오히려 하나님이 애타게 기다려오신 때일 것입니다. 하나님은 이스라엘을 통해서 세상 모든 나라 모든 백성이 하나님께로 돌아오길 바라셨습니다. 이스라엘이 힘 있고 똑똑하고 잘나서가 아니라 부족하고 형편없지만 하나님의 은혜를 입었기 때문에, 그 은혜가 소중하고 하나님과의 관계가 소중하기 때문에 세상 모든 이들에게 하나님이 어떤 분인지 알리기를 기대하셨는데 이스라엘 백성이 교만해져서 전 인류를 구원하시려는 하나님의 계획이 마치 실패한 것처럼 되고 있었습니다. 이제는 더 이상 회복될 기미도 없이 완전히 산산조각 나버린 상황에서 하나님은 '그 때'를 기다리고 계셨던 것입니다.

성경에 나와 있는 하나님은 끊임없이 인간의 역사 속에 개입하기를 원하십니다. 인간 스스로는 하나님을 깨달을 수 없고 진리를 깨우칠 수 없기 때문에, 하나님은 우리 인간에게 자신을 보여주길 원하십니다. 이스라엘을 통해서 그 일을 하려고 하셨는데, 이스라엘은 이것을 산산조각 내버렸습니다. 그러므로 "때가 찼다"라는 표현은 이스라엘 백성이 대망하고 기다려온 때가 왔다는 의미보다는 오히려 자기 자신을 우리에게 보여주시고 우리로 하여금 생명의 길로 돌아오게 하시려는, 우리를 살리기 원하시는 하나님의 간절한 소망을 담고 있습니다. '그 때'가 찼습니다.

때가 찼다
_ The time has come

"때가 찼다"고 할 때 '찼다'의 시제는 현재완료입니다. 영어 성경들은 보통 두 가지로 번역하고 있습니다. "The time has come." 또는 "The time is fulfilled." 하나는 현재완료이고 다른 하나는 수동태입니다. 어느 번역이 옳은 것일까요?

원어의 시제는 현재완료 수동태인데, 영어에서는 이 두 가지를 동시에 담아내는 것이 불가능합니다. 그래서 할 수 없이 어떤 번역은 현재완료를, 또 어떤 번역은 수동태를 택한 것입니다. 두 가지 번역 모두 의미가 있습니다.

현재완료(has/have + p.p.)는 어떤 일이 이루어졌는데 그 영향이 현재까지 지속되고 있음을 나타냅니다. 과거완료(had + p.p.)는 일이 이루어진 것으로 끝나버린 경우지만, 현재완료는 그 결과가 지금까지 유지되고 있는 경우입니다. 그렇다면 '찼다'의 현재완료적 의미는 무엇일까요? 그 때가 왔는데, 온 것으로 끝나지 않고 지금까지 유지되고 있다는 것입니다. 굉장히 독특한 표현입니다.

마태복음이나 누가복음에는 세례 요한이 예수님께 제자들을 보낸 사건이 기록되어 있습니다. 세례 요한의 제자들이 물었습니다. "오실 그 이가 당신입니까?" 그러자 예수님은 "너희가 가서 보고

들은 것을 요한에게 알리되 맹인이 보며 못 걷는 사람이 걸으며 나병 환자가 깨끗함을 받으며 귀 먹은 사람이 들으며 죽은 자가 살아나며 가난한 자에게 복음이 전파된다 하라"(눅 7:22. 마태복음 11장 5절 참고)며 이사야 35장 5절 말씀이 이루어지지 않았냐고 대답하십니다. 세례 요한이 기다리던 그 예수가 오셨다는 것입니다. 누가복음에서 예수님이 회당에 들어가 말씀을 가르치시는 장면에서도 비슷한 이야기가 나옵니다. 예수님이 이사야서를 건네받고 "가난한 자에게 복음을 전하게 하시려고 내게 기름을 부으시고 나를 보내사 포로 된 자에게 자유를, 눈 먼 자에게 다시 보게 함을 전파하며 눌린 자를 자유롭게 하고 주의 은혜의 해를 전파하게 하려 하심이라"(4:18-19)라는 61장 말씀을 읽으신 후 "이 글이 오늘 너희 귀에 응하였느니라"(21절)라고 말씀하셨습니다. 여기서 '응하였다'는 말은 '찼다'와 똑같은 뜻입니다.

예수 그리스도가 오심으로 말미암아 기다리던 그 때가 왔고, 그 때부터 새로운 시대가 열려 지금까지 열려 있다는 얘기입니다. 그 때가 오기 전에는 이 땅에 있는 사람 중 어느 누구도 하나님을 알 수 있는 방법이 없었습니다. 이스라엘만이 하나님의 놀라운 진리를 사람들에게 알려줄 수 있었는데 이스라엘이 그 비전을 망가뜨리고 산산조각 내버렸습니다. 하나님은 기다리고 기다리다가 때가 찼을 때 자기 아들을 직접 보내셔서 세상 사람들이 하나님을 알 수 있는 새로운 시대를 여신 것입니다. 때가 차서 새로운 시대가 열렸다는 이 의식은 예수님뿐 아니라 초대교회 교인들이 갖고 있던 역사의식이었습니다. 예수님으로 말미암아 우리 같은 인간이 하나님을 알 수 있는 새로운 시대가 시작되었습니다.

예수님이 없다면 불교나 도교의 방법이 맞을 것입니다. 동양 철학에서는 하나님, 즉 신의 존재를 절대적인 진리라고 보고, 절대적인 진리에 이르는 길은 알 수 없기 때문에 인간이 진리를 암중모색(暗中摸索)한다고 생각합니다. 암중모색하여 진리를 깨닫는다고 해도 깨달은 진리를 말로 표현할 수 없다고 생각합니다. 진리는 말로 표현할 수 없는 것이지요. 우리는 신을 알 수 없고 진리를 알 수 없다, 궁극적인 도를 깨달을 수 없다는 것입니다. 이것이 동양의 사상입니다. 답이 없으니 명상하고 용맹정진(勇猛精進)하면서 진리를 암중모색하는 것이 가장 정직한 길일 것입니다. 그렇게 수행해야 진리를 찾을 수 있고, 찾았다 해도 말할 수 없고 전할 수 없다는 것이 불교와 도교의 정직한 결론입니다.

예수님이 아니고는 하나님을 알 도리가 없었던 우리 인간에게 예수께서 오셨고, 그로 말미암아 우리는 하나님이 어떤 분인지 직접 보게 되었습니다. 이보다 더 좋은 교육 방법은 없습니다. 무엇을 설명하려고 할 때 가장 좋은 방법은 직접 보여주는 것입니다. 이것은 눈높이를 맞추는 커뮤니케이션입니다. 현대의 많은 커뮤니케이션 이론이 성경에 나오는 하나님의 커뮤니케이션 방법론에 기초하고 있다고 해도 과언이 아닙니다. 하나님은 수용자 중심의 커뮤니케이션을 하셨습니다. 말로는 아무리 설명해도 알아듣지 못하는 우리를 위해, 예수님이 직접 오셔서 하나님을 보여주신 것입니다.

그렇게, 새로운 시대가 열렸습니다. 하나님이 인간의 역사 속에 직접 개입하셔서 새로운 시대를 여신 것입니다. 하나님은 거룩한 분이고 우리 인간과는 전혀 달라서, 만약 우리가 하나님을 직접 본다면 그 앞에 감히 설 수 없을 것입니다. 그런데 예수님은 하나님이 얼마나 자애롭고 사랑이 많은 분인지 보여주시기 위해서 오셨을 뿐 아니라, 우리를 위해 죽으시고 또한 부활하셔서 우리가 하나님을 아버지라고 부르는 자녀가 되며 장차 예수님과 같이 우리도 부활하여 하나님 아버지와 함께 영원한 생명을 누릴 것을 소망하게 하시려는 계획을 두셨습니다. 이 모든 일이 예수 그리스도의 오심을 통해 이루어진 것입니다. 예수 그리스도의 등장은 새로운 시대의 도래를 의미합니다. "때가 찼다!"라는 선언은 그 감격을 담은 표현입니다. "The time has come."

때가 찼다
_ The time is fulfilled

"때가 찼다"는 말을 수동태적인 의미를 살려 다음과 같이 번역할 수도 있습니다.

"The time is fulfilled."

이것을 신적 수동태(divine passive)라고 부릅니다. 수동태 형식은 'be + p.p.'인데 그 뒤에는 'by 주어'가 숨겨져 있습니다. 이 문장에서 숨어 있는 주어는 누구일까요? The time is fulfilled by

GOD. 어느 날 우연히 그날이 된 것이 아니라, 하나님이 그 때를 채우신 것입니다. 기다리고 기다리시던 하나님이 직접 역사 속에 개입하셨습니다. 이것은 인간 역사의 전환점입니다. 하나님의 단호한 개입이 없었다면 인간 역사에는 소망이 없습니다. 우리는 누가 하나님이고 무엇이 진리인지 알 수 없으며 진리를 알았다 하더라도 그것을 나눌 도리가 없고, 그 진리에 이르는 길 또한 매우 어렵습니다. 예수님이 이 땅에 오셔서 인간이 하나님을 알 수 있는 길이 열렸습니다. 하나님이 그 때를 오게 하셨습니다. 예수님은 이 사실을 선언하시며 사역을 시작하신 것입니다. "때가 찼다. 새로운 시대가 열렸다."

그러나 예수님이 이 놀라운 메시지를 선포하셨을 때, 모든 사람이 듣고 받아들인 것은 아니었습니다. 귀를 기울인 사람은 많지 않았습니다. 생각해 보십시오. 예수님은 서른 살 즈음의 목수 출신 청년이었습니다. 가난한 집안에 동생들은 줄줄이 딸려 있고, 뛰어난 스승에게 배웠다거나 학위가 있는 것도 아니었습니다. 게다가 함께 다니던 제자들도 품위나 그의 후광을 받쳐줄 수 있는 사람들이 아니었습니다. 그런데도 예수님은 당당하게 선포하셨습니다. 여기에 주의를 기울여야 합니다. 그 당시에도 별 볼 일 없어 보이는 청년 예수의 말씀을 들은 사람들만이 '회개하고 복음을 믿는' 축복을 받았습니다. 많은 사람들은 대수롭지 않게 여기고 무시했습니다. 오늘날도 마찬가지입니다. 주님은 지금도 우리에게 외치고 계십니다. "때가 찼다. 새로운 시대가 열렸다." 그 이야기를 **듣는** 사람들만이 반응하고 감격할 것입니다.

인류의 역사 속에 하나님이 단호하게 개입하셔서서 이렇게 선언하셨다는 것은, 그리고 그 당시에 이 말씀을 인격적으로 받아들인 사람들에게 놀라운 시대가 열렸다는 것은 오늘 우리에게도 소망입니다. 하나님이 우리에게 개입하셨다는 것은 상징이 아닙니다. 누가 꾸며낸 이야기도 아닙니다. 실제 역사 속에 예수님이 오셨습니다. 몇 년 전 미국에서 오바마 대통령이 당선되어 흑인이 대통령이 될 수 있다는 놀라운 소식을 온 세상 사람들에게 알려주었습니다. 인류의 근현대사에 있어 놀라운 역사적 사건이었습니다. 그런데 예수님이 이 땅에 오셨다는 것, 그리고 불신의 시대 속에서 그분의 선포를 믿은 사람들은 놀라운 축복을 누렸다는 것은 그 어떤 사건보다 중요한 역사적 사건입니다. 오늘도 우리에게 외치시는 주님의 말씀을 듣고 받아들인다면, 그 말씀이 우리에게 생명의 말씀이 됩니다.

오늘 우리에게 외치시는 주님의 말씀에 응답하기 위하여

우리는 하나님 역사의 관점에서 인생을 바라봐야 합니다. 여러분에게 권합니다. 여러분의 인생을 하나님의 관점으로 새롭게 조명하십시오. 이를 위해 몇 가지 질문에 답해 봅시다.

첫 번째 질문_ 나에게 '그 때'가 있었는가
먼저 **나에게 '그 때'가 있었는가,** 내가 다른 세계로 들어선 '그 때'가 있었는가를 생각해 보시기 바랍니다. 특히 모태신앙인 분들은 이 문제를 심각하게 생각해야 합니다. 하나님 없이는 절망할 수밖에 없는 것이 우리 인간입니다. 어릴 때부터 교회를 다니면 내 인격과 결단으로 고민하고 받아들이는 과정 없이, 문화적으로 익숙하기 때문에 하나님을 받아들이게 됩니다. 그렇게 평생을 기독교 문화 속에서 살면서도 정작 스스로 내린 분명한 결단이나 확신은 없을지 모릅니다. 최근에 하나님을 알기 시작한 사람이나 이미 신앙생활을 해오던 사람도, 나에게 그 때가 있었는지를 생각해 봐야 합니다.

'그 때'는 어떤 때입니까? 이스라엘 역사에서 '그 때'는, 하나님을 떠나 산산조각이 되어서 점점 바닥으로 가라앉고 있던 때입니다. '그 때' 이전의 특징은 하나님이 없다는 것입니다. 하나님 없이 세상의 가치관을 따라 살고 있는 자신의 삶에 절망하고 계십니까? 하나님 없이 사는 삶의 심각성을 고민해 보셨습니까? 하나님이 없기 때문에 세상이 얼마나 망가지고 깨어졌는지, 이 세상이 얼마나 슬픈 곳인지를 직면하십니까? 그것을 알기 시작했다면 세상만이 아니라 나 자신도 그렇다는 사실을 알게 됩니다.

2010년 월드컵이 남아프리카공화국에서 열렸습니다. 열기도 대단하고, 화려함도 기가 막힐 정도였습니다. 그러나 월드컵이 열리는 동안 그곳 도시에 살던 빈민들은 모두 쫓겨났습니다. 우리나라도 비슷했지만 개발도상국에서 월드컵이 열리면, 월드컵이라는 행사를 위해 가난한 사람들은 보금자리를 빼앗기고 정리됩니다. 그들에게는 월드컵이 없습니다. 유명한 축구선수들은 몇 억을 챙기는 기간이지만 그 사람들에게는 몇 달러도 안 떨어집니다. 그것이 우리가 사는 세상입니다.

우리가 살고 있는 세상이 어떤 세상입니까? 겉으로 볼 때는 화려하고 멋있지만 그 뒤에는 여전히 피눈물 나는 고통, 슬픔과 눈물이 있습니다. 어쩌면 아직 사회로 나가지 않은 많은 청년이 이 세상의 희생자가 될지도 모릅니다. 상위 몇 퍼센트만 살아남는 세상이기 때문입니다. 하나님 없는 세상, 하나님 없는 인생에 대한 두려움과 심각한 깨달음, 진실한 직면 없이는 이 땅을 살아가는 누구도 '그 때'를 맞이할 수 없습니다. 이천 년 전 예수님이 오셨을 때에도 똑똑한 바리새인들은 받아들이지 않았습니다. 부자 사두개인들도, 권력을 가지고 있던 헤롯 당원들도 받아들이지 않았습니다. 똑똑하고, 많이 가졌고, 힘이 있었으니까요.

여러분, 하나님 없이도 살 만하십니까? 하나님은 여러분의 삶을 규제하고 괴롭히는 분이기 때문에, 적당하게라도 믿어야 하는 분입니까? 아니면, 하나님 없이는 우린 무너질 수밖에 없고 살아남을 수 없음을 깨달았습니까? '그 때'에는 예수님이 이 땅에 오신 이유가 선명해집니다. 내가 죄인이라는 사실을 절감하기 전에 예수님은 우리에게 구원자가 되실 수 없습니다.

여러분의 '그 때'는 언제입니까? 아직 맞이하지 못했다면 이 책을 읽는 지금이 여러분의 그 때가 되기를 바랍니다. 하나님과 예수님을 있는 그대로 보고 예수님이 가르치시는 바에 진실하게 반응하는 그 때가 되길 바랍니다. 하나님을 떠난 개인과 사회는 더 이상

갈 수 있는 곳이 없습니다. 이 사실을 발견하는 순간, 우리는 '그 때'를 맞이합니다.

저는 고등학교 1학년 때 회심했습니다. 교회는 초등학교 때부터 다녔지만 아주 장난꾸러기였습니다. 선생님들 괴롭히고, 기도할 때 분필 던지고, 진화론 가지고 질문하고 따지고 잘난 척하고……. 제가 생각하기에도 좀 심했습니다. 중학교 시절까지 그렇게 보내다가 고등학교 1학년 때 수련회에 가서 처음 복음을 들었습니다. 물론 그전에도 예수님이 나를 위해 죽으셨다는 얘기는 수도 없이 들었지만 나에게 아무런 감흥이 되지 않았습니다. 그건 그냥 종교적 표상일 뿐이었고, 교회 가면 늘 듣는 소리였으니까요. 그런데 그 수련회 때 저에게 하나의 이미지가 아주 중요하게 각인되었습니다. 바로, 하나님이 내게는 종이호랑이였다는 것입니다.

'송하맹호도'(松下猛虎圖)라는 그림이 있습니다. 소나무 밑에 호랑이가 꼬리를 세우고 척 하니 서 있는 그림입니다. 얼마나 잘 그렸는지 한국의 대표적 미술품 중 하나로 꼽힙니다. 참으로 멋있습니다. "오, 참 잘 그렸네. 어떻게 저렇게 그렸을까? 털이 다 서 있는 것 같아. 정말 대단하지 않아? 저 형형한 눈빛 좀 봐." 그러나 아무도 그 호랑이를 보고 도망가지 않습니다. 그러다 그 자리에 진짜 호랑이가 나타난다면 가만히 서서 감탄하고 있을 사람은 아무도 없을 겁니다. 혼비백산하여 모두 도망가지요.

하나님은 제게 송하맹호도 속 종이호랑이 같은 존재였습니다. 하나님을 이야기하고 토론했지만, 그분을 두려워하지는 않았습니다.

그런데 그 수련회에서 살아 계신 하나님, 역사의 주관자이신 하나님, 나를 지으신 하나님, 나와 우리의 죄, 인간의 죄, 세상의 깨어짐을 심판하시는 하나님을 처음으로 깨달았습니다. '내가 하나님을 종이호랑이 취급하고 있었구나!' 그 때가 제게는 '그 때'였습니다. 그제야 예수님이 날 위해서 돌아가셨다는 사실이 다가오기 시작했습니다. 그리고 제 인생은 바뀌었습니다.

두 번째 질문_ 지속적으로 성장하고 있는가

만약 여러분이 "내게는 그 때가 있었습니다"라고 분명히 대답할 수 있다면 다음으로 생각해 볼 질문은 이것입니다. **나는 그 때 이후 지속적으로 성장하고 있는가?** 그 때 시작된 새로운 시대 속에서 나는 영적 아이가 아니라 영적 청년으로, 영적 생명을 낳고 돌보는 영적 부모로 자라가고 있는가? 아니면 누가 끌어주지 않고 보호해 주지 않으면, 누가 보살펴주지 않으면 살아남을 수 없는 약골로 그저 머물러 있는가? 이 질문은 피해갈 수 없습니다. 반드시 답하셔야 합니다. 아니, 하나님을 개인적으로 만나 대면할 수 있는 시대가 열렸는데 그 하나님으로 말미암아 성장하지 않고 있다는 말입니까? 예수님의 놀라운 부활 생명이 우리 속에 들어와서 꿈틀대면서 우리를 변화시키지 않고 있다는 말입니까?

    대학 기간은 영적 성장통을 경험할 수 있는 최고의 시간입니다. 시행착오를 할 수 있는 여유가 많기 때문입니다. 제가 다닌 대학은 미션스쿨이었는데 강의시간에 기독교를 비판하는 선생님이 많았습니다. 1학년 2학기 때 국어수업을 맡은 선생님이 어찌나 기독교를 힐난하는지 견디기가 힘들었습니다. 제가 예수님을 고등학교 1학년 때 만났으니까 그 때는 믿은 지 3, 4년밖에 되지 않았고 잘 모를 때인데도, 이 선생님이 본질을 잘 모르고 비판한다는 것을 알 수 있었습니다. 그 때 이렇게 기도했습니다. "주님, 이건 부당합니다. 기독교를 몰라도 너무 모르는 사람이 기독교를 폄하하고 있습니다. 제게 기회를 주십시오."

어느 날, 특별히 기독교를 다루는 날이었습니다. 그 선생님이 교탁을 치며 "야, 너희는 처녀가 애기 낳았다는 걸 믿냐? 믿는 놈 있으면 손 좀 들어봐. 지성인으로서 그게 가능한 얘기야?"라고 물었습니다. 60명 중에서 2명이 손을 들었습니다. 한 명은 목사 아들이었고, 또 한 명은 저였지요. "너, 안경 낀 뚱뚱한 놈 이리 나와봐. 너 설명 좀 해봐." 그게 저였습니다. 그래서 저는 앞에 나가서 제가 알고 있는 이야기들을 칠판에 적어가며 설명하기 시작했습니다. 시간이 모자라서 그 다음 한 시간을 더 설명했습니다. 학생들에게 질문도 받고 답변도 했습니다. 그러자 선생님은 "그렇게 생각할 수도 있겠네" 하고는 넘어갔습니다. 그 강사 선생님은 지금 이름만 대면 누구나 알 만한 작가입니다.

제가 이 이야기를 하는 이유는, 내 주님에 대한 충성심 때문이라면 나는 바보가 되어도 괜찮다는 것입니다. 대학교 1학년 2학기생이 알면 얼마나 많이 알겠습니까? 그러나 내가 아는 놀라우신 내 주님이 세상 사람들에게 무시당하고 있는 이 시대 속에서 '주님, 제게 힘을 주십시오. 제가 주님을 세상 사람들에게 알리겠습니다' 하며 바보가 될 때, 내가 성장합니다. 열심히 성경공부 한다고 해서 성장하는 것이 아닙니다. 물론 성경공부가 중요하지만, 그것만으로는 안 됩니다. 내가 믿고 있는 바를 세속 생활에서 표현할 때 성장하는 것입니다.

주변에 있는 친구들에게 복음을 전하기 위해서 애쓰십시오. 복음 전하는 것, 힘든 일이지만 놀라운 일이 일어납니다. 친구에게 복음을 전하는 내 설명이 어찌나 허술하고 앞뒤가 안 맞고 꼬이는지 내가 듣기에도 못 믿겠는데 마지막에 "그럼 이제 어떻게 할래?"라고 물어봤을 때 "나도 크리스천이 될 수 있니?"라는 대답이 돌아오는 경험, 해보셨습니까? 복음을 전하기 위해서 조금만 공부해 보면 이야기할 내용이 얼마나 많아지는지 모릅니다.

대학교 3학년 때 만난 한 친구와 열두 시간 정도 토론했는데 다 끝나고 나서 그 친구가 "기독교가 이렇게 완벽한 체계인지 몰랐다"고 하는 겁니다. 그래서 믿겠구나 생각했습니다. 그런데 이 친구 하는 말이 "그런데 난, 나 이외의 다른 존재에게 무릎 꿇기 싫어"라고 하는 겁니다. 세 번 만나서 열두 시간을 붙잡고 얘기했는데, 그 때의 낭패감이란 말로 다 못합니다. 그러나 그는 복음을 제대로 이해했습니다. 하나님을 믿는다는 것은 하나님께 무릎 꿇는 것이라는 사실을 안 것입니다. 그런데 이 친구가 두세 달 지나고 나서 저희 성경공부 모임에 가끔씩 나오기 시작했습니다. 그러던 어느 목요일, 모임이 끝나 정리하고 집에 가려는데 저를 붙잡았습니다. 그러고는 "잠깐만, 할 말이 있어. 더 이상 하나님을 거부할 수 없다"라고 말하는 것이었습니다. 그 때 깨달았습니다. '복음 전도는 내가 하는 게 아니구나, 하나님이 하시는구나!'

여러분은 생명을 낳고 있습니까? 생명을 자라게 하고 있습니까? 그러면서 여러분 자신이 자라고 있습니까? 이것이 영적 성장의 핵심입니다. 영적 성장은 공부하고 훈련하고 스스로 연습해서 되는 것이 아니라 생명을 낳고 돌보는 가운데 자신이 영적 아이에서 청년으로, 청년에서 부모로 자라나는 과정입니다. '그 때' 이후로 지속적으로 성장하지 못하고 있다면 그 이유가 무엇인지 확인하십시오.

세 번째 질문_ 내 인생의 목적은 어디에 있는가

마지막 질문이 있습니다. 만약에 '그 때'를 경험했다면 하나님의 그 때 속에서 내 삶의 목적을 찾게 될 것입니다. **여러분은 인생의 목적을 어디에서 찾고 있습니까?** 제 나이가 오십인데 여러분은 제가 나이가 들었다고 생각하겠지만, 저는 대학교 때 선생님과 얘기하던 내용, 캠퍼스를 걸어 다니면서 아침마다 기도한 일, 친구들에게 복음 전하던 것들이 바로 엊그제 일 같습니다. 세월은 굉장히 빨리 지나갑니다. 이렇게 빨리 흘러가는 인생 가운데 여러분은 '그 때'를 가져오셨고 '그 때'가 차게 만드신 예수님 그분을 통해서 인생의 목적을 얻을 수 있습니다. 바보가 아니라면 인간의 역사를 흘러가게 하시는 하나님의 역사의 흐름 속에서 내가 있어야 할 자리를 찾을 것입니다.

하나님이 똑똑하고 훌륭한 사람만 쓰시는 분이라면 "저는 열외예요"라고 얘기할 수 있겠지만 하나님은 못나고, 별 볼 일 없고, 소망도 잃어버린, 이런 사람들을 불러서 쓰시는 게 특기라서 "하나님, 저는 쓸모가 없는 놈입니다" 같은 핑계도 댈 수 없습니다. 이름도 변변찮았던 이스라엘을 봐도 그렇고, 예수님의 제자들을 봐도 그렇고, 역사를 봐도 그렇고, 하나님은 소망 없는 자들을 귀하게 쓰셨습니다. 그렇다면 우리 인생의 목적과 비전은 예수님에게서 발견하는 것이 마땅합니다. 그분은 내게 어떤 삶을 요구하시는지, 그것을 고민해 보는 것이 마땅합니다.

크로노스로 흘러가는 시간 속에서 우리에게 의미 있는 카이로스의 시간이 지금 가능합니다. 하나님이 역사 속에 개입하시기 때문입니다. 하나님의 단호한 역사적 개입은 이미 이천 년 전에 있었고, 그 이후로 수많은 사람들의 생애 속에 있어왔으며, 바로 지금도 예수님은 우리 인생 가운데 단호하게 개입하기를 원하십니다. 그분이 외치십니다.

"때가 찼다! 이제 됐다, 새로운 시대가 열렸다!"

하나님의 나라가

오늘날 우리를 압도하는 것 같은 세상 속에서 젊은이들은 매우 혼란스러워하고 있습니다. 앞으로 어떻게 살 것인가, 대학을 졸업한 후 과연 평범한 수준의 삶은 살 수 있을까. 특히 청년 실업이 사회적 문제가 되어버린 현실에서 '내가 과연 살아남을 수 있을까' 하는 두려움은 누구에게나 있는 듯합니다.

그래서인지 '장기하와 얼굴들'의 노래는 많은 이들에게 공감을 일으킵니다. "싸구려 커피를 마신다"로 시작하는 그들의 대표곡 "싸구려 커피" 노랫말을 들어보면 오늘날 젊은이들이 느끼고 있는 절망감을 알 수 있습니다. "눅눅한 비닐 장판에 발바닥이 쩍 하니 달라붙었다가 떨어진다. 이제는 아무렇지 않아, 바퀴벌레 한 마리쯤 스지나가도." 이 노래를 즐겨 부르는 사람들은 아마도 대학을 졸업한 25-30세에 해당하는, 실제로 백수의 삶을 경험하고 있는 청년들이지 않을까 싶습니다.

"별 일 없이 산다"라는 노래도 굉장히 재미있습니다. "네가 깜짝 놀랄 만한 얘기를 들려주마." 이렇게 시작합니다. "아마 절대로 기쁘게 듣지는 못할 거다." 그러고는 "나는 별 일 없이 산다. 뭐 별다른 걱정 없다"랍니다. 그 다음엔 "네가 들으면 십중팔구 불쾌해질 얘기를 들려주마. 오늘 밤 절대로 두 다리 쭉 뻗고 잠들진 못할 거다"라더니 그게 뭐냐면 "나는 별 일 없이 산다. 이렇다 할 고민 없다"라고 합니다. 자기는 아무것도 안 하고 살지만, 괜찮다는 겁니다. 오히려 '놀랐지?' 하고 여유를 부립니다. 절망을 넘어 거의 해탈의 경지에 이른 수준입니다.

이런 노래를 들으면 이들의 해학에 재미있다는 생각도 하지만 한편으로는 마음이 서늘해집니다. 꿈을 품고 하늘을 향해 날아올라야 할 젊은이들이, 방바닥에 발바닥이 쩍 붙었다 떨어져도 나는 별 일 없이 산다고 자조하는 노래를 부르는 오늘날의 현실이 몹시 안타깝기 때문입니다.

오늘의 젊은이들은 이 세상 속에서 어떻게 살아야 하는지에 대한 시각을 잃어버렸습니다. 그리스도인이라고 해도 크게 다른 것 같지 않습니다. 우리를 압도하는 거대한 세상 앞에서 젊은이들은 숨이 막혀버린 듯합니다. 마치 바닥까지 내려간 이스라엘의 상황과 비슷합니다. 이스라엘 상황은 어쩌면 이보다 더 심각했을지 모릅니다. 사람들은 야훼 신앙의 가능성에서조차 소망을 잃어버리기 시작했고, 메시아를 기다려봐야 소용없다는 생각에 물들어갔습니다. 마카비우스의 혁명에 기대를 품었지만 결국 로마주의자들에게 야합한 정치 지도자들이 나라를 주무르게 되었고, 헤롯당과 세리들, 세속

권력을 탐하는 사두개인들에게 치이고 말았습니다. 잘난 척하는 바리새인들의 훈계는 갑갑하고, 혁명을 꿈꾸는 열혈당원들은 일반 백성이 수용하기에는 지나치게 파괴적이었습니다. 이스라엘 사람들은 그저 하루하루를 살아가는 것, 살아남는 것이 전부였습니다. 오늘날 젊은이들의 모습, 좀 더 폭을 넓힌다면 오늘날 현대인의 모습과 그리 다르지 않습니다.

예수님은 이런 상황 속에 오셔서 선언하셨습니다. "때가 찼다. 하나님이 그토록 기다리시던 때가 왔다. 이제 하나님이 주도적으로 단호하게 역사 속에 개입하셔서, 세상을 회복하는 일을 시작하시는 바로 그 때가 왔다. 이미 이르렀다. 새로운 시대가 시작되었다." 그런 후에 예수님이 첫째로 말씀하신 것이 하나님 나라가 가까이 왔다는 것입니다. 소망이라고는 찾아볼 수 없는 이스라엘 역사의 최저점에 오셔서 하나님 나라가 가까이 왔다고 선포하신 예수님은 오늘날 혼란스러운 세상에서 무기력하게 압도당하고 있는 젊은이들을 향해서도 하나님 나라가 가까이 왔다고 동일하게 선포하십니다.

예수님의
주요 사상

예수님의 주요 사상이 무엇이냐고 물어보면 많은 사람이 '사랑'이라고 대답합니다. 그러나 사랑은 예수님의 주요 사상이라기보다는 예수님이 가르치신 하나님 나라의 윤리입니다. **하나님 나라**를 살아가는 삶의 방식이 사랑인 것입니다. 하나님 나라는 사랑보다 더 큰 개념입니다. 마가가 예수님의 복음을 설명하는 첫 번째 말씀은 "때가 찼고 하나님의 나라가 가까이 왔으니 회개하고 복음을 믿어라"였고, 마태 역시 비슷하게 "이 때부터 비로소 전파하여 이르시되 회개하라. **천국**이 가까이 왔느니라"(마 4:17)라고 기록했습니다. 마태가 사용한 '천국'이라는 표현은 마가가 사용한 '하나님 나라'와 동일한 뜻입니다.

우리나라 그리스도인들이 하나님 나라에 대해 잘 모르는 이유 가운데 하나가 천국이라는 단어를 혼동하기 때문입니다. '하늘의 나라'라고 번역했더라면 하나님 나라와의 유사성이 더 눈에 띄었을 텐데 '천국'이라고 번역되면서 오히려 '천당'과 유사한 개념으로 자리를 잡았습니다. 마태복음은 유대인들을 위해 쓴 복음서입니다. 유대인들은 감히 '하나님'이라는 말을 입에 올리기 부담스러워하기 때문에 '하나님의 나라'(Kingdom of GOD) 대신 완곡하게 '하늘에 있는 나라'(Kingdom of Heaven)라고 표현한 것입니다. 로마인과 이방인을 위해 쓴 마가복음과 누가복음은 원래 예수님이 말씀하신 대로 '하나님 나라'라는 표현을 살려 썼습니다. 그러므로 '하나님 나라'와 '천국'은 독자에 따라 표현을 달리했을 뿐 동일한 단어입니다.

마태복음과 마가복음, 누가복음을 보면 예수님이 오셔서 선포하신 것이 공통적으로 하나님 나라임을 알 수 있습니다. 또한 예수님의 가르침에서 특히 비유를 집중적으로 사용한 주제가 하나님 나라입니다. "내가 **하나님 나라**를 무엇에 비할까", "**하나님 나라**는 이와 같으니……" 등처럼 말입니다. 마태복음 5-7장의 산상수훈도 하나님 나라 백성이 어떻게 살아야 하는지를 가르치시는, 하나님 나라에 대한 말씀입니다. 마태복음 13장에는 하나님 나라에 대한 가르침이 가득합니다. 마가복음 4장과 누가복음 8장에도 비슷한 말씀들이 모여 있습니다.

이렇듯 하나님 나라는 복음서 전체에 흐르는 주제이기 때문에, 예수님을 알고 예수님을 사랑하며 예수님을 따라간다고 말하는 사람이라면 하나님 나라 전문가가 되어야 합니다. 하나님 나라 이야기는 날마다 들어야 하는 이야기입니다. 우리가 그 나라에 속하여 있기 때문입니다. 이것을 알지 못한다면 우리를 압도하는 이 세상 속에서 숨도 쉬지 못하고 살아갈 수밖에 없습니다. 이 하나님 나라가 예수님의 중심 사상입니다.

구약의
하나님 나라 사상

그러나 '하나님 나라'는 예수님이 새롭게 만들어낸 사상이 아닙니다. 구약 시대부터 이어져 온 사상이지요. 물론 구약에는 하나님 나라라는 단어가 나오지 않습니다. 관용적으로든 독립적으로든 실제로 '하나님 나라'라는 단어가 사용된 경우는 없습니다. 그러나 구약은 처음부터 끝까지 하나님이 다스리신다는 주제를 반복합니다. 선지서 곳곳에서 볼 수 있듯이, 선지자들은 하나님의 다스림을 잃어버린 이스라엘을 향해 끊임없이 '외세가 너희를 다스리는 것처럼 보이지만 실제 통치자는 하나님이시다'라고 외칩니다. '너희가 하나님께로 돌아오지 않으면 너희가 겪고 있는 이 민족적 수치를 극복할 길이 없다.' 이것이 선지자들의 메시지였습니다. 구약의 하나님은 이스라엘의 부족 신처럼 보입니다. 그러나 구약 성경은 하나님이 열방의 왕, 온 세상의 왕이라고 말합니다.

대학교 4학년 때 아모스서를 공부하다가 하나님이 온 세계의 나라들에 관심이 있으시며 이스라엘뿐 아니라 이스라엘 주변 모든 국가를 심판하신다는 사실을 알고 전율했습니다. 하나님은 온 세상의 하나님이며 세속사를 지켜보고 계시는 분입니다. 그래서 이스라엘만이 아니라 세속의 모든 나라에 관심을 갖고 그 나라들을 심판하시는 왕이라고 구약은 얘기하고 있습니다. 그뿐 아니라 하나님은 지금 다스리는 현재의 왕이시며 장차 올 미래에도 왕이시라고 성경은 말합니다. 또한 하나님은 종교적 영역에서도 왕이시지만 우리의 일상적인 삶에서도 왕이십니다. 그렇기 때문에 출애굽기나 레위기, 신명기는 이스라엘 백성이 그들의 일상 속에서 어떻게 하나님께 다스림을 받아 살아갈지를 가르치고 있습니다.

'하나님 나라'라는 단어를 사용하지는 않지만, 구약에는 하나님이 다스리시며 그분이 통치자시라는 사실이 끊임없이 드러납니다. 구약을 읽지 않는 오늘날의 그리스도인에게 기독교의 가르침은 매우 내면적인 것, 내 심령에서 일어나는 것, 내 영혼을 만져주는 것 정도로 전락하여 기독교는 개인주의적 신앙이 되고 말았습니다. 구약의 웅장한 하나님, 현재와 미래의 왕이자 이스라엘과 다른 모든 나라의 왕, 종교적 영역과 일상 모든 영역의 왕이신 하나님이 신약의 예수 그리스도로 나타나셨습니다. 따라서 구약의 하나님을 모르면 예수 그리스도는 그저 '내 죄 사하시고 나를 구원받게 하신 분' 정도로 강등되는 것입니다. 물론 내 죄를 사하시고 나를 구원하신 것은 놀라운 사실이지만, 예수 그리스도가 세상을 통치하는 하나님이라는 사실을 잊어버리면 기독교는 철저하게 '교회'라는 건물과 개인의 영혼 속에 갇혀버립니다.

교회를 다니는 것이 혹시 주일에 예수님을 면회하러 가는 것 같지는 않습니까? 평상시에는 예수님과 전혀 관계없이 살다가 주일이 되면 '성전'에 갇혀 계신 예수님께 찾아와서 사식 좀 드시라고 헌금 넣어드리고는 "안녕히 계세요, 다음 주에 다시 보러 오겠습니다" 하고 떠나는 것 같습니다.

주중 일상에서는 어떤가요? 하나님과는 별 관계가 없습니다. 그래도 괜찮은 것처럼 보입니다. 어차피 우리는 세상에 속해서 세상의 유혹을 받을 수밖에 없고, 마음은 원이로되 육신이 약해서 죄를 지을 수밖에 없으니, 일주일에 한 번 교회 와서 회개하고 깨끗해져서 다시 월요일부터 죄 지을 준비를 하고 나가면 되는 것이지요. 이것을 '사우나 영성'이라고 합니다. 일주일에 한두 번 가서 말끔히 씻고 나오면 아주 개운합니다. 그리고 다시 때 묻는 일상을 살다가 사우나에 가서 씻어내지요. 기독교 영성이 그렇게 되어버렸습니다. 일주일 내내 세속의 때가 묻었으니 교회 가서 한 번 씻어내고 개운한 마음으로 다음날부터 다시 때를 묻히며 살기 시작합니다. 이것은 이원론적 영성입니다.

이원론적 영성은 그리스도인이 사회 속에서 어떻게 살아갈 것인가가 아니라 교회 안에서 어떻게 할 것인가만 가르쳤기 때문에 생겨났습니다. 학교와 직장, 가정에서 어떻게 하나님의 통치를 받으며 살 것인가를 고민하는 일이 실종되어버렸습니다. 하나님 나라 사상이 없으면 기독교는 절름발이 정도가 아니라 반신불수가 되어버립니다. 머리만 살아남고 몸은 움직이지 못하는 상황, 이것이 하나님 나라 사상을 잊어버린 한국 기독교의 문제이자 오늘날 그리스도인의 문제입니다. 그리스도인이라면 구약이 얘기하고 있고 예수님이 거듭 말씀하신 이 하나님 나라 사상을 놓쳐서는 안 됩니다. 하나님을 믿고 하나님과의 관계를 중요시하는 그리스도인이라면 이 관계를 중심으로 내가 살고 있는 세상, 즉 사회, 문화, 정치, 경제, 교육 등 모든 영역에서 어떻게 하나님의 다스림을 드러낼지 고민하게 됩니다.

하나님의 깨어진 마음과 회복

신약과 구약을 꿰뚫는 중심 사상인 하나님 나라의 바탕에는 하나님의 깨어진 마음과 이것을 회복하고자 하시는 하나님의 비전이 있습니다. 태초부터 성부, 성자, 성령의 성삼위일체로 존재하시며, 깊은 공동체적 사귐 가운데 계신 하나님은 인간을 만드시고 인간을 삼위 하나님의 교제권에 포함시키려 하셨습니다. 세 분이 그토록 깊은 온전한 사랑 가운데 계셨는데 왜 거기에 우리 인간을 만드셔서 당신의 교제권 속에 집어넣으려 하셨는지는 우리가 이해할 수 없지만, 단 한 가지 설명할 수 있는 것은 그것이 바로 하나님이 인간에게 값없이 주시는 은혜라는 사실입니다.

도대체 인간이 무엇이라고 하나님과 같은 식탁에 앉을 수 있단 말입니까? 만약 대통령이 당신을 초청했으니 지금 당장 청와대로 들어오라는 전화를 받는다면 어떻겠습니까? 더 생각할 필요도 없이 하던 일을 내려놓고 청와대로 달려가겠지요. 그러나 이 땅의 대통령은 곧 지나가고 바뀝니다. 대통령이 우리를 부를 일도 거의 없습니다. 그런데 인간 세계의 수많은 통치자들을 세우시고 내리시는 하나님께서, 우리를 당신의 교제권 안에 동참하게 하셨습니다. 그러나 인간은 창조되고 얼마 지나지 않아서 하나님의 주권을 무시해 버렸습니다. 하나님의 다스림을 무시하고, 자신이 세상을 다스리려 들었습니다. 하나님의 통치가 아니라 자신의 통치권 속에 세상을 두려고 합니다. 그래서 하나님 나라와 인간의 나라는 구약 처음부터 등장합니다.

하나님의 다스림 아래서 인간이 능력과 자유를 가지고 세상을 다스리는 것이 하나님의 계획인데, 인간이 하나님의 통치를 무시하고 자기가 세상을 다스리려 하면서 인간의 비극은 시작됩니다. 하나님은 이런 상황을 내버려두시다가 결국 아브라함을 부르십니다. 하나님의 계획은 참 이상합니다. 전 세계가 하나님을 알지 못하는 상황이 되었는데, 하나님은 딱 한 사람을 부르십니다. 저는 오랫동안 이 것을 두고 고민했습니다. 왜 하나님은 이렇게 일하실까? 제가 깨달은 것은 하나님은 언제나 이렇게 일하신다는 것입니다. 이것이 하나님의 일하시는 방식입니다. 한 사람을 부르셔서 "네가 열국의 근원, 복의 근원이 될 것이다"라고 말씀하시는 것을 창세기 12장에서 볼 수 있습니다. 그리고 실제로 아브라함에게서 이스라엘이 나왔습니다. 이스라엘을 통해 이스라엘 민족을 창조하신 다음, 이스라엘의 삶의 목적을 다음과 같이 말씀하셨습니다.

> 세계가 다 내게 속하였나니 너희가 내 말을 잘 듣고 내 언약을 지키면 너희는 모든 민족 중에서 내 소유가 되겠고 너희가 내게 대하여 제사장 나라가 되며 거룩한 백성이 되리라 너는 이 말을 이스라엘 자손에게 전할지니라(출애굽기 19장 5-6절).

하나님은 이스라엘 백성을 세우시고 그 백성을 열방의 제사장 나라로 삼으셔서 열방이 돌아올 수 있게 하셨습니다. 아주 부족한 한 민족을 택하셔서 당신의 영광과 당신의 모습과 당신의 뜻을 그들에게 보여주셨습니다. 그러나 구약이 전하는 것은, 이런 특별한 은혜를 받은 이스라엘이 또다시 반역하는 역사입니다. 하나님이 처음 인간을 만드시고 당신의 교제권 속에 불러들이셨을 때 반역으로 그 놀라운 은혜를 저버린 인간은, 하나님이 아브라함을 부르셔서 이스라엘을 만드셨을 때에도 그 놀라운 특권을 버리고 하나님께 반역하는 어리석은 역사를 반복합니다.

그래서 하나님은 이 반역의 역사를 종식시키고 새로운 시대를 열겠다고 약속하십니다. 이것이 구약에 등장하는 '주의 날'(the day of the LORD) 개념입니다. 우리가 살고 있는 이 시대(this age), 곧 창조부터 지금에 이르는, 하나님을 떠난 반역의 시대가 끝나고, 새로 오는 시대(age to come)가 시작되는 지점이 바로 주님의 날입니다. 예수님이 "때가 찼다"고 말씀하신 것은 바로 이 개념입니다. 구약의 이스라엘은 다 같이 주의 날을 기다렸습니다. 주의 날이 되면 메시아가 오셔서 하나님을 반역하고 떠나 있는 이 시대를 종식시키시고 새로운 시대를 여실 것이다, 이것이 구약 사상입니다. 또한 하나님의 계획입니다.

> 그가 이르시되 네가 나의 종이 되어 야곱의 지파들을 일으키며 이스라엘 중에 보전된 자를 돌아오게 할 것은 매우 쉬운 일이라 내가 또 너를 이방의 빛으로 삼아 나의 구원을 베풀어서 땅 끝까지 이르게 하리라(이사야 49장 6절).

하나님이 메시아에게 하시는 말씀입니다. "네가(메시아가) 내 종이 되어서 야곱 지파, 이스라엘 가운데 살아남은 자들을 돌아오게 하는 것은 차라리 쉬운 일이다. 땅 끝까지 구원이 이르도록 하기 위해 내가 너를 뭇 민족의 빛으로 삼았다"고 하십니다. 구약은 참 놀라운 얘기입니다. 이스라엘이 나라를 잃어버리고 온갖 모욕과 수치를 당하고 있을 때 하나님은 선지자들을 통해 이스라엘의 회복을 약속하시는 것만이 아니라 이제는 새로 오시는 어떤 분을 통해서 온 세상을 회복하겠다고 하십니다. 구약에는 이 놀라운 비전이 숨겨져 있습니다. 사실 기가 막힌 이야기입니다. 우리가 나라를 잃고 일본의 압제에 신음하고 있을 때, 어떤 선지자가 나타나서 "한국을 일본의 압박에서 회복하는 것은 아무 문제 없이 쉬운 일이다. 이제 후로는 한국이 전 세계 모든 민족, 모든 나라의 중심이 될 것이다"라고 얘기한다면 아무도 듣지 않을 것입니다. 지금 당장 나라가 주권도 못 찾고 있는 판국이니까요. 그런데 구약에는 이런 얘기가 여러 가지 상징으로 수없이 나옵니다.

> 그날에 이새의 뿌리에서 한 싹이 나서 만민의 기치로 설 것이요 열방이 그에게로 돌아오리니 그가 거한 곳이 영화로우리라(이사야 11장 10절).

여기서 '만민'은 모든 사람(all people)이 아니라 모든 민족(all nations)을 말합니다. 모든 민족이 찾아 모여든다는 것입니다. 이것이 하나님이 갖고 계신 비전입니다. "때가 찼다"고 선포하신 예수님의 말씀은 '주님의 날'이 임하여서 우리가 살고 있는 이 시대가 끝나고 새로운 시대가 시작되었다는 선포였습니다. 이 새로운 시대에 우리가 붙잡아야 할 가장 중요한 깨달음은, 바로 **하나님이 다스린다**는 사실입니다. 그래서 예수님은 하나님 나라를 선포하신 것입니다.

예수님이 선포하신 하나님 나라

치유와 회복이 일어나는 나라

하나님 나라를 선포하시는 예수님이 가는 곳마다 치유와 회복이 일어났습니다. 마가복음 1장 15절 선언이 있고 나서 곧이어 귀신들린 자에게서 귀신을 쫓아내는 사건이 일어납니다(21-28절). 그리고 열병으로 누워 있던 시몬의 장모를 고치시고(29-31절), 온 동네 사람들이 모여들자 그들의 병을 고치셨습니다(32-34절). 1장 38-39절은 예수님의 사역을 요약해 주고 있습니다.

> 이르시되 우리가 다른 가까운 마을들로 가자 거기서도 전도하리니 내가 이를 위하여 왔노라 하시고 이에 온 갈릴리에 다니시며 그들의 여러 회당에서 전도하시고 또 귀신들을 내쫓으시더라.

예수님은 왜 귀신을 내쫓고 열병을 낫게 하고 모든 질병을 고치셨을까요? 하나님이 통치하지 않는 곳은 공중 권세 잡은 자가 통치하기 마련입니다. 공중의 권세를 잡은 자, 우리는 그를 사탄이라고 부릅니다. 그가 지배하고 있을 때, 인간은 수많은 질병과 고통에 노출되고 정신적인 억압과 사회정치적인 억압, 영적인 억압에 시달립니다. 그런데 예수 그리스도로 말미암아 하나님 나라가 침노해 들어온 것입니다. 그러므로 자연히 사탄의 세력 아래 묶여 있던 질병과 고통, 귀신들림이 내쫓겨나갑니다. 빛이 들어오면 어둠이 사라지듯이, 하나님 나라가 들어오자 어둠의 나라, 사탄의 나라, 인간의 나라는 그냥 밀려 나가는 것입니다. 예수님이 가시는 곳마다 치유와 회복의 역사가 일어난 것은 그 때문입니다. 예수님이 실제로 육신을 입고 이 땅에 오신 성경 시대에는 예수님이 곧 하나님의 임재였고, 하나님의 임재가 나타난 곳에는 하나님의 통치가 임하는 일종의 해방구가 형성되었습니다. 믿음으로 그 통치 안에 들어간 자들은 통치의 능력이 자신 안에 스며들어 하나님의 통치를 나타내게 됩니다.

개역개정 성경은 1장 38절을 "다른 가까운 마을들로 가자. 거기서도 전도하리니"라고 번역했는데 '전도'보다는 '선포'가 더 정확한 번역입니다. 헬라어 케루소(kerusso)는 '선포하다'(proclaim)라는 뜻을 가진 중요한 단어입니다. 예수님은 무엇을 선포하셨을까요? 때가 찼고 하나님 나라가 임했다는 것을 선포하셨습니다. 예수님 안에서 하나님의 통치가 완벽하게 드러나고 있기 때문에, 그분이 가시는 곳마다 어둠은 쫓겨나고 사람들은 회복되고 치유된다는 것을 그대로 보여주시면서 그분은 계속해서 말씀을 선포하셨습니다. 이 선포가 일어날 때 사람들이 회복되었습니다.

그럼 지금도 예수님을 믿는 곳에서는 이런 완벽한 치유가 일어날까요? 안타깝게도, 그렇지 않습니다. 지금은 예수님이 우리 가운데 계시지 않기 때문입니다. 이 땅에 육신으로 오셨던 예수님은 부활하셔서 하나님 우편에 계십니다. 지금 우리와 함께 계시는 분은 예수님의 영, 성령님입니다. 삼위가 일체이기 때문에 그분을 예수님이라고 해도 틀리지 않습니다. 예수님도 "내가 세상 끝 날까지 너희와 함께 있으리라"라고 말씀하셨습니다. 그러나 실제로 우리와 함께 계시는 분은 그분의 영이신 성령님이고, 예수님은 지금 하나님 우편에 계시며 다시 오실 것입니다.

지금 이 시대는 하나님의 다스림이 임하긴 했지만 완벽하게 임하지는 않았습니다. 믿는 사람들을 통해서 하나님의 통치가 나타나되 모든 사람의 눈에 보이도록 드러나지는 않습니다. 예수님을 믿는 이들 가운데서 괄목할 정도로 치유와 회복이 일어나기도 하지만, 완벽한 치유와 회복은 나타나지 않습니다. 질병이 낫기를 간절히 바라고 기도하지만 낫지 않을 수 있습니다. 진실하게 믿었다면 병이 나아야 한다고요? 아닙니다. 그렇다면 하나님 나라가 올 필요가 없을 것입니다. 마지막 날, 하나님 나라가 완성될 것입니다. 그 날까지, 이 땅에서 일어날 치유와 회복은 모두 불완전한 치유와 회복입니다.

우리는 한계를 안고 살아가야 합니다. 그러나 여전히 하나님이 다스리고 계시기 때문에 우리에게 괄목할 만한 치유가 일어나기도 합니다. 또한 치유가 일어나지 않아도 그 아픔과 어려움을 안고 살아갈 수 있는 힘을 주십니다. 우리를 억압하는 질병과 고통에 굴복하지 않고 그분의 다스림 아래 그것을 끌어안은 채 살 수 있게 되는 것입니다.

그날 이후 가능한 치유와 회복
청년기에 해야 할 중요한 한 가지는, 자신의 어린 시절에서 해방되는 것입니다. 우리는 모두 부모님의 사랑을 받고 자라지만, 사실 부모들도 사랑을 어떻게 하는 것인지 잘 모릅니다. 배운 적이 없기 때문입니다. 예수님께 사랑이 무엇인지 배우기 전에는 어떻게 사랑해야 하는지 제대로 알 도리가 없습니다. 사람들은 이런저런 교육학 이론을 들먹이지만 모두 한계가 있습니다. 하나님의 사랑, 예수님의 사랑을 알고 하나님이 나를 사랑하시는 것과 같은 방법으로 내 자녀를 사랑하면 그것은 거의 완벽한 사랑입니다. 그러나 이 사랑을 배운 부모들이 매우 적습니다. 대부분의 부모는 아이를 사랑한다고 하면서 아이를 망가뜨립니다.

안타깝게도, 많은 청년이 부모님 때문에 내면이 망가져 있습니다. 그러나 부모를 탓하지 마시기 바랍니다. 그들도 어떻게 해야 하는지 몰랐고, 사랑할 힘이 없었습니다. 여전히, 자신이 자녀를 어떻게 망가뜨렸는지 모르는 부모도 많습니다. 사랑할 줄 모르는 부모 때문에 마음에 상처가 많은 청년들에게 하고 싶은 말이 있습니다. 예수 그리스도로 말미암아 그 상처들은 눈에 띄게 치유될 수 있다는 것입니다. 완벽하게 회복할 수는 없겠지만 괄목할 정도로, 그 상처에 매이지 않을 정도로 변화될 수는 있습니다.

근래 들어 자살하는 연예인이 적지 않습니다. 그들 중 많은 수가 우울증을 앓고 있던 것으로 보입니다. 우울증의 원인은 여러 가지이고 유전적 원인도 있지만, 햇볕을 쬐지 않고 땀 흘려 노동하지 않으며 인스턴트 음식을 많이 먹는 현대인들에게 부쩍 많이 나타나고 있습니다. 현대인의 병인 것입니다. 충분히 노동하고 햇볕을 쬐는 사람은 우울증에 잘 걸리지 않는 것으로 보고되고 있습니다. 그러나 만약 우울증에 걸리면 내분비 호르몬계의 화학적 균형이 깨지기 때문에 계속 약을 복용해야 합니다. 이 균형을 회복하기란 매우 어렵습니다. 많은 사람이 우울증에 걸려 자살 충동을 느끼며 고통스럽게 살아가고 있습니다. 우울증은 답이 없는 무서운 병입니다. 저는 이렇게 우울증과 싸우고 있는 자매와 형제를 많이 봅니다. 그러나 우울증을 앓고 있다 하더라도 주님이 그를 다스리신다면, 주님을 의지하여 견디고 주님이 다시 오실 것을 소망하며 살아갈 수 있습니다.

예수님의 다스림으로 오늘날 우리는 치유와 회복을 경험하지만, 완전한 것은 예수님이 다시 오실 때까지 보류되어 있습니다. 성경에서는 예수님이 가시는 곳마다 백전백승입니다. 예수님 자신이 하나님 나라의 해방구이기 때문입니다. 예수님 곁에 있는 사람들은 모두 하나님의 완벽한 통치 아래 들어가므로 어떠한 억압이나 질병, 사망조차 그 자리에 더 있을 수 없는 것입니다.

한 가지 더 언급해야 할 것은, 앞으로 점점 심각해질 문제인 동성애적 경향입니다. 이성이 아니라 동성에게 끌리는 원인을 두고 유전적인 것인지 사회적인 것인지 논쟁이 많습니다. 여기서 이 문제를 본격적으로는 다루지 않으려 합니다. 그러나 분명히 말해야 하는 것은, 동성애는 하나님이 만드신 창조질서를 깨는 것이라는 사실입니다. 원인이 무엇이든, 즉 자라면서 동성애 경향이 생겼든 태어나면서 그런 경향을 가지고 태어났든, 동성애적 경향을 갖고 있다는 것은 굉장히 고통스러운 일입니다. 누구에게 이야기하기도, 이해받기도 어렵습니다.

이 고통을 나눌 수 있는 곳이 그리스도인 공동체여야 합니다. 그리스도인 공동체에서 그들을 품고 그들의 아픔과 어려움을 헤아려 주어야 합니다. 그런데 오히려 그리스도인 공동체가 그들을 정죄하기 바쁘다면, 주님은 굉장히 슬퍼하실 것입니다. 내 어려움과 죄, 부끄러움, 세상 어디에도 꺼내놓을 수 없는 이야기를 그리스도인 공동체에서는 나눌 수 있어야 합니다. 우리가 하나님의 다스림 아래 있기 때문에 오늘 이 어려움을 견뎌낼 수 있으며, 우리 주님이 다시 오실 때는 완전한 치유와 회복이 이뤄지리라는 기대를 품고 소망할 수 있습니다. 대표적인 사람이 저명한 영성 작가인 헨리 나우웬입니다.

영성 깊은 탁월한 저작으로 널리 인정받고 많은 사람에게 존경받는 헨리 나우웬은 동성애적 경향 때문에 평생 고통을 겪었습니다. 몇 년 전만 해도 우리나라에 번역된 그의 글들에서 동성애적 고민이 담긴 내용은 전부 삭제되었습니다. 그래서 우리에게는 잘 알려지지 않았지만, 그는 죽을 때까지 동성애적 경향성에서 해방되지 못했습니다. 동성애를 실행하지는 않았지만, 그 경향성 때문에 거의 신부로서의 길을 포기하기 직전까지 간 적도 있었습니다. 그런데도 이 문제를 품고 살면서 깊은 영성에 도달해서 수많은 사람을 영적으로 인도했습니다.

기억하십시오. 예수님이 하나님 나라를 선포하셨을 때 즉각적인 치유와 회복이 일어났습니다. 성경이 그것을 우리에게 전해 줍니다.

그리고 지금도 우리 가운데 그분의 영이 일하실 때, 이런 치유가 일어날 수 있습니다. 그러나 완벽한 치유는 이 땅에 없습니다. 주님이 다시 오실 때까지, 그분의 나라가 완벽하게 세워질 때까지, 완벽한 치유는 이 땅에 없습니다. 그러나 하나님 나라가 선포되었을 때, 거기에는 치유와 회복이 일어났습니다.

하나님 나라에 들어가는 사람

예수님이 가르치신 하나님 나라는, 놀랍게도 평범한 자들이 들어가는 나라였습니다. 1장 16-20절을 보면, 예수님은 하나님 나라를 선포하신 뒤 곧이어 제자 넷을 부릅니다. 시몬, 안드레, 야고보, 요한. 넷 다 평범한 갈릴리 촌사람입니다. 예수님 역시 갈릴리 촌사람으로, 사투리를 쓰셨습니다. 지방 출신으로 사투리를 모국어로 구사하는 분들은 예수님과 같은 계열이니 자부심을 가지셔도 됩니다. 지방 출신이지만 표준말을 익혀 매우 자연스럽게 구사하게 된 분들 중에 사투리 억양을 없애려고 애쓰는 분들이 있습니다. 사투리를 쓰면 중심부가 아니라 변방에 속한 사람으로 대우받기 때문일 것입니다. 예수님은 당당하게 갈릴리 사투리를 쓰셨습니다. 중심부인 예루살렘의 지도자들이 볼 때, 예수라는 인물이 과연 어땠을까요?

아마도 예수님은 바리새인들에게 호통을 칠 때 우리나라였다면, "이 문디 자식들!" 하고 입을 여셨을 것입니다. 우리는 헬라어로 번역된 성경을 다시 여러 언어를 거쳐 번역한 한글로 보고 있기 때문에 알 수 없지만, 예수님이 당시 표준말을 쓰지 않으신 것은 90퍼센트 확실합니다. 갈릴리 지방의 억양과 사투리를 쓰셨을 것입니다. 예수님의 제자들도 마찬가지였습니다. 평범한 갈릴리 촌사람이었지요. 그 다음 2장 13-17절에서 예수님은 세관에 앉아 있는 레위를 부르십니다. 세관인 레위는 당시 로마 제국에 붙어서 자기 백성의 고혈을 뽑아먹는 존재였습니다. 단순히 평범한 사람 수준이 아니라 나라를 팔아먹은 나쁜 놈을 제자로 부르신 것입니다.

이런 면에서 불가의 석가모니와 예수님은 참 비교가 됩니다. 석가모니는 훌륭한 배경을 지닌 사람이었습니다. 그 밑에 있는 제자들도 석가모니만큼 훌륭했습니다. 염화시중(拈華示衆)의 미소를 아십니까? 석가모니의 제자 '가섭'은 석가모니와 함께 서로 쳐다보면서 미소로 깨달음을 나누었다고 합니다. 아시다시피 석가모니는 궁에서 교육을 받은 엘리트였습니다. 제자들 역시 엘리트였습니다. 불교는 대단한 수준의 사람들이 모여 만들어낸 철학적인 종교입니다. 그런데 예수님은 어떻습니까? 궁은커녕 평생 목공소에서 일하다가 나타나셔서는 우리처럼 별 볼 일 없는 사람들을 불러서 하나님 나라의 일을 하십니다. 당시 손가락질 당하던 사람들을 불러서 하나님 나라의 일을 하셨습니다. 이것이 하나님 나라의 특징입니다.

만물의 찌꺼기 같은 나라 '이스라엘'을 부르셔서 당신의 이름을 나타내려 하신 여호와 하나님과, 갈릴리 지역에서 목수로 태어나 별 볼 일 없는 사람들을 불러서 하나님 나라의 일을 하시려는 예수님은 동일한 분입니다. 제가 예수님을 좋아하는 이유가 여기에 있습니다. 만약 하나님이 훌륭하고 똑똑하고 실패하지 않은 자들을 부르셨다면, 저는 거기에 낄 수 없습니다. 석가모니의 제자들처럼 흠 잡을 데 없는 사람이어야 예수님의 제자가 될 수 있었다면, 저는 제자가 될 수 없습니다. 그러나 하나님은 흠이 많고 부족한 우리 같은 사람들을 부르십니다. 그렇다고 우리 같은 사람을 부르셨으니, 그냥 모여서 돌아다니고 예수님 뒤만 졸졸 따라다니면 되는 것은 아닙니다.

마가복음을 보면 처음부터 끝까지, 제자들은 예수님을 이해하지 못합니다. 제자들의 실패, 이것이 마가복음의 중요한 주제 가운데 하나입니다. 그래서 많은 사람들은 마가가 제자들을 왜 이렇게 부정적으로 묘사했을까 하는 의문을 품었습니다. 저자인 마가는 베드로를 대변하는 사람이나 다름없는데 왜 베드로조차 나쁘게 묘사했을까요? 그것이 사실이기 때문입니다.

제자들은 예수님이 부활하시기 전까지 예수님이 누구인지 제대로 이해하지 못했습니다. 마가복음 전체에 나타나는 예수님의 관심, 그분의 능력, 그분의 가르침, 그분의 사명, 그분의 부담, 그분의 부활을 제자들은 누구도 이해하지 못했습니다. 끊임없이 실수하고, 끊임없이 실패했습니다. 그런데 예수님과 함께 지낸 시간을 통해, 나중에 예수님의 부활을 경험하고서 제자들의 눈이 열렸습니다. 이것은 우리에게 매우 감사한 일입니다.

예수님을 따르는 우리는 하나님 나라에 들어갔지만 여전히 하나님 나라를 제대로 이해하지 못합니다. 예수님의 중심 사상이 하나님 나라라는 것도 잘 모르는 우리 같은 자들을 하나님은 부르셨습니다. 어떤 사람들은 자신이 아직 하나님 나라에 들어갈 준비가 안 되었다고 생각하여 초청에 응하지 않습니다. 그러나 하나님 나라는 준비되어서 들어가는 곳이 아닙니다. 준비되지 않은 사람들이 들어가는 곳입니다. 오히려 스스로 예수님을 안다고 생각하는 사람은 하나님 나라에서 제대로 배우지 못할 가능성이 높습니다. 예수님은 심오하고 신비한 분인데 우리가 예수님을 안다고 말하는 것은 대양 속 물방울 정도 아는 것입니다. 그 물방울 하나가 우리를 살렸다는 것, 그 사실을 알고는 있습니다. 그러나 그것으로 하나님을 아는 것처럼 교만해져서는 안 됩니다.

그리스도인들이 다른 종교인들보다 촐싹거리는 이유가 여기 있습니다. 우리가 아는 대양 속 물방울 하나만큼의 진리가 우리를 살리긴 했지만 하나님의 실존에 비하면 극히 작은 일부일 뿐인데, 마치 대단한 것을 모두 통달한 것처럼 모든 것에 다 대답하려고 하기 때문입니다. 많은 그리스도인이 전도를 못하는 이유 역시 이것입니다. 모든 질문에 다 대답해야 한다고 생각하기 때문입니다.

저는 제 지식이 늘면 하나님에 대해서 모르는 영역이 줄어들 줄 알았습니다. 그런데 하나님에 대한 지식이 쌓여갈수록 모르는 영역도 확장되어가는 것을 보았습니다. 처음에는 하나님에 대한 지식의 총량이 정해져 있어서 이만큼 알면 나머지가 모르는 부분이고, 아는 부분이 늘면 그만큼 모르는 부분은 줄어들 거라고 생각했습니다. 그러나 하나님을 알아갈수록 하나님에 대한 지식의 총량이 더 커졌습니다. 하나님에 대해 모르는 부분이 더 확장된 것입니다. 그래서 하나님을 진정으로 알아가는 그리스도인에게는 겸손이라는 미덕이 따라오지 않을 수 없습니다. 모르는 것이 더 많아지고 신비한 영역도 더 커지기 때문입니다.

하나님 나라에 들어갈 수 있는 사람은 우리 같은 평범한 사람들입니다. 그러나 하나님 나라에 들어가서 내 맘대로 사는 것이 아니라, 하나님 나라의 놀라운 진리를 알아가기 시작하고 그 진리가 나를 붙잡아 나를 변화시키고, 그 신비함 앞에서 나를 겸손하게 만들어가는 것, 그것이 하나님 나라의 특성입니다. 제자들도 그 길을 갔습니다. 하나님 나라는 이 신비 가운데 우리를 들어가게 하십니다.

더 놀라운 것은 하나님이 우리를 자녀로 삼으신다는 것입니다.

그 때에 예수의 어머니와 동생들이 와서 밖에 서서 사람을 보내어 예수를 부르니 무리가 예수를 둘러앉았다가 여짜오되 보소서 당신의 어머니와 동생들과 누이들이 밖에서 찾나이다 대답하시되 누가 내 어머니이며 동생들이냐 하시고 둘러앉은 자들을 보시며 이르시되 내 어머니와 내 동생들을 보라 누구든지 하나님의 뜻대로 행하는 자가 내 형제요 자매요 어머니이니라(마가복음 3장 31-35절).

우리를 그분의 나라에 들어가게 하신 하나님은 이제 우리가 그 나라를 알아가고 하나님께 다스림 받는 것을 넘어, 하나님이 원래 가지고 계신 계획대로 삼위 하나님의 교제 속에 우리가 참여하기를 정말로 원하십니다. 예수님은 하나님 뜻대로 행하는 사람이 하나님의 자녀이고 예수님의 형제자매라고, 한 가족이라고 말씀하십니다. 우리가 하나님 나라에 들어갈 때, 우리는 하나님을 아버지라고 부르기 시작하고 하나님과 특별한 관계를 맺게 됩니다. 그뿐만 아니라 우리 역시 서로 특별한 관계 속에 들어가게 됩니다. 즉 우리는 서로 형제자매가 된 사람들입니다. 서로 다르고 각자 독특한 우리가 서로 사랑할 수 있는 것은 우리가 한 가족이기 때문입니다. 하나님을 아버지라 여기는 한 가족이 되는 것, 이것이 놀라운 교회의 비전입니다.

하나님의 가족인 교회는 이 땅에서 하나님 나라를 대변하며 하나님 나라를 드러내 보여줍니다. 하나님을 사랑하기 때문에 절대로 사랑할 수 없는 사람들을 사랑하겠다고 발버둥치는 사람들이 곧 교회입니다. 예수님이 가르치신 하나님 나라는 바로 이런 것입니다.

여기까지 정리를 한번 해볼까요?

하나님 나라는 예수님이 가르치신 핵심 사상으로, 구약을 관통하는 사상이며, 하나님 나라 뒤에는 하나님의 깨어진 마음, 사람들을 당신의 완전한 교제권 속에 동참시키려는 간절한 마음, 그리고 전 세계를 품으시려는 하나님의 비전이 있었습니다. 예수님이 이 땅에 오셔서 그 날이 임했고, 이제 새로운 시대가 열려서 하나님 나라가 왔습니다. 하나님 나라가 임하면서 치유와 회복이 일어나기 시작했고, 우리처럼 평범한 사람들이 그 나라에 들어갈 수 있고 그 나라에서 변화될 수 있습니다. 그런데 더욱 놀라운 것은 우리가 그분의 가족이라는 새로운 소속감과 새로운 정체감을 갖게 되었다는 사실입니다. 그래서 만약 하나님 나라에 대한 눈이 열리기 시작하면, 나를 압도하고 절망시키는 이 세상 속에 살고 있지만 여기에 속한 것이 아니라 예수님 때문에 하나님 나라에 속해 있다는 것을 알게 됩니다. 물론 이러한 인식이 하루아침에 완전히 내면화되는 것은 아닙니다. 그러나 하나님 나라를 알아갈수록, 예수님을 알아갈수록 새로운 소속감과 새로운 정체감이 내 존재의 기반을 만들어 가게 됩니다. 내가 새로운 존재가 되는 것입니다. 그렇다면 하나님 나라에 초대되는 사람들은 어떤 사람들인지 좀 더 구체적으로 나누어보겠습니다.

믿고 따르는 자들

첫째, 하나님 나라는 믿고 따르는 자들에게만 주어집니다. 마가복음뿐 아니라 마태복음, 마가복음, 누가복음을 보면 공통적으로 예수님은 꼭 비유로 말씀하십니다. 비유는 이야기라고도 할 수 있지만 수수께끼 같기도 해서, 예수님이 비유로 말씀하시면 제자들도 못 알아들었습니다. 마가복음 4장에서 예수님이 첫째 비유를 들려주시자 제자들이 예수님께 왜 비유로 말씀하시느냐고 물었습니다.

> 예수께서 홀로 계실 때에 함께한 사람들이 열두 제자와 더불어 그 비유들에 대하여 물으니 이르시되 하나님 나라의 비밀을 너희에게는 주었으나 외인에

게는 모든 것을 비유로 하나니 이는 그들로 보기는 보아도 알지 못하며 듣기는 들어도 깨닫지 못하게 하여 돌이켜 죄 사함을 얻지 못하게 하려 함이라 하시고(4장 10-12절).

예수님이 수수께끼처럼 어렵게 얘기하는 이유가 사람들이 회개하지 못하게 하려는 것이라니요? 참 이상합니다. 이 말씀은 이해하기 어려운 본문 가운데 하나입니다. 예수님은 비유로 말씀하시는 이유를, 하나님 나라의 비밀은 하나님 나라에 들어온 사람들을 위한 것이기 때문이라고 밝히십니다. 단순한 호기심이나 지적 궁금증으로 하나님 나라를 이야기하는 사람들은 하나님 나라를 알 수 없다는 것입니다.

하나님 나라는 근본적으로 '관계'로 이루어집니다. 하나님과의 관계 속으로 들어가는 것이기 때문에 지식이 있다고 해서 들어갈 수 있는 것이 아닙니다. 그래서 예수님은 사람들에게 하나님 나라의 비밀을 이야기하시되, 그를 믿고 따르는 자들에게만 하나님 나라의 비밀을 보여주셨습니다.

예수님의 부활은 장차 하나님 나라가 이 땅에 완전히 임할 것을 보여주는 사건입니다. 그런데 예수님이 부활하신 후 누구에게 당신을 나타내셨습니까? 우리 생각에는 빌라도나 헤롯에게 나타나서 반박할 수 없이 승리를 못 박아야 할 것 같은데, 예수님은 그런 대중적 센세이션을 일으키지 않으셨습니다. 그분은 당신의 사랑하는 제자들에게만 나타나셨습니다. 이와 같이 하나님 나라는 그분을 믿고 따르는 자들에게만 주어지는 것입니다.

우리는 하나님 나라를 다 이해할 수 없습니다. 그러나 하나님 나라를 이해하지 못한다 해도 믿고 배워가며 알아가려고 하는 자들은 따라갈 수 있습니다. 우리는 하나님 나라를 배워가야 합니다. 예수님을 통해서, 성경이 알려주는 예수님의 하나님 나라 가르침을 통해서 배워갈 수 있습니다.

성경은 예수님과 하나님 나라에 대한 최고급 정보를 담고 있습니다. 그리고 하나님 나라에 대한 좋은 소개서 몇 권이 도움이 될 것입니다. 청년 시절, 특히 대학을 졸업하기 전에 최소한 신약 성경 전체를 한 번은 모두 묵상하실 수 있기를 바랍니다. 신약과 구약을 묵상하는 데는 보통 5-6년이 걸리지만 신약만 한다면 1-2년이면 가능합니다. 날마다 조금씩 성경을 읽고 묵상하며 그 속에서 예수 그리스도를 발견하려고 노력하고, 하나님 나라를 찾으려고 애써볼 것을 강력히 도전합니다.

저는 대학 다니는 동안 그렇게 해보려고 애를 썼습니다. 물론 성경을 이상하게 해석하기도 했습니다. 그 시절의 묵상노트를 꺼내서 읽어보면 기가 막힌 부분도 있습니다. 말도 안 되는 해석을 해놓고 그것으로 은혜를 받기도 하고 변화되기도 했으니 놀라운 일입니다. 만약 누가 그런 내용으로 지금 설교를 한다면 저는 가차 없이 엉터리 설교자라고 말할 것입니다. 그런데 나중에 성경 해석학을 공부할 때 보니, 제가 성경 해석의 근본 원리를 이미 상당 부분 알고 있었습니다. 대학 기간 동안 이런 과정을 통해 성령께서 저를 가르치신 것입니다.

성경을 펴놓고 무슨 소린지 몰라 화가 날 때가 한두 번이 아니었습니다. 큐티를 하는데 30분 동안 성경을 아무리 뚫어지게 보고 있어도 도통 이해할 수가 없고 도대체 어떻게 읽어야 할지 모를 때도 많았습니다. 그렇게 2-3일이 지나고 나면 어느 순간 성경이 다시 읽히기 시작했습니다. 이상하게도 사복음서를 묵상하는 것이 무척 어렵다가 어느 순간 잘 됩니다. 복음서를 깊이 보다가 서신서로 가면 또다시 잘 모르겠습니다. 며칠을 끙끙거리면 다시 읽힙니다. 시편으로 가면 또 헷갈립니다. 왜 그랬을까요? 성경은 다양한 문체와 다양한 장르로 되어 있기 때문입니다. 장르마다 해석하는 방식이 약간씩 다릅니다. 그런데 해석의 원리를 배우지 않았지만 성경을 자꾸 읽자 나도 모르게 성경 읽는 방식을 배우게 된 것입니다. 처음 해석학이라는 학문을 공부하던 그때, 저는 성령님이 제 선생님이셨음을 알게 되었습니다.

믿고 따른다는 것은 모호하게 믿고 따르는 것을 뜻하지 않습니다. 성경이라는 최고급 정보가 있고, 성령님이라는 최상의 선생님이 계십니다. 청년 시절, 대학 시절에 하루 30분씩 성경을 읽고 묵상하는 시간을 갖는다면 여러분의 인생은 졸업할 즈음에 달라질 수밖에 없습니다.

시험 기간에는 특별히 한 시간 묵상하십시오. 저는 그렇게 했습니다. 제 생각으로는 만약 시험 때문에 묵상하지 못한다면 앞으로 세상에 나가서 급한 일이 있을 때 과연 주님을 섬길 수 있겠느냐 싶었기 때문입니다. 하나님 말씀에 여러분의 삶을 드리십시오. 그러면 여러분의 눈이 열리기 시작할 것이고 인생을 살아갈 방식을 배우게 될 것입니다. 하나님 나라는, 잘 모르지만 믿고 따르는 자들에게 주어집니다.

어린아이와 같은 자들

> 사람들이 예수께서 만져주심을 바라고 어린아이들을 데리고 오매 제자들이 꾸짖거늘 예수께서 보시고 노하시어 이르시되 어린아이들이 내게 오는 것을 용납하고 금하지 말라 하나님의 나라가 이런 자의 것이니라 내가 진실로 너희에게 이르노니 누구든지 하나님의 나라를 어린아이와 같이 받들지 않는 자는 결단코 그곳에 들어가지 못하리라 하시고 그 어린아이들을 안고 그들 위에 안수하시고 축복하시니라 (마가복음 10장 13-16절).

둘째, 하나님 나라는 어린아이와 같은 자들이 들어갑니다. 이 말씀에서 어린아이와 같다는 것이 무슨 뜻이냐에 대해서는 여러 가지 해석이 있습니다. 말씀의 배경을 살펴보면, 부모들이 어린아이들을 예수님께 데려온 것을 알 수 있습니다. 예수님이 쓰다듬어주시고 축복해 주시기를 바라서 아이들을 자꾸 데려오자 제자들이 그것을 꾸짖었습니다. 그때 예수님이 하신 말씀은 이 어린아이와 같은 자들이 하나님 나라에 들어간다는 것이었습니다. 하나님 나라를 어린아이처럼 받들어야 한다고 표현하셨습니다. 순수하다거나 잘 배우는 것을 어린아이의 특징으로 얘기할 수도 있지만, 당시 시대 상황을 고려할 때 어린아이란 방어 능력이 없는 사람을 말합니다. 우리 시대도 마찬가지입니다. 아이들은 성인이 될 때까지 보호를 받습니다. 자기 방어 능력이 없기 때문입니다. 그러므로 어린아이와 같다는 것은 자기를 보호하고 지킬 수 있는 무엇이 별달리 없는 사람이 되는 것을 말합니다.

사람들은 자신의 능력이, 가정적 배경이, 경제적 능력이 자기를 지켜준다고 생각합니다. 그런 것들로 자신을 방어할 수 있다고 생각합니다. 그래서 거대하게 압도해 오는 세상에서 나를 지켜줄 스펙을 쌓느라 정신이 없습니다. 예수님은 그런 것들이 필요 없다고 말씀하시는 것이 아닙니다. 그것들이 나를 지켜줄 수 없다고 생각하는 사람들, 그래서 어린아이처럼 다른 방어 능력이 없는 사람들이 하나님 나라에 들어갈 수 있다고 말씀하시는 것입니다.

오늘날 많은 청년이 스펙을 쌓기 위해 부단한 노력을 기울이고 있습니다. 우리 시대는 공부의 즐거움을 잃어버리고 말았습니다. 공부가 괴로운 것이 되어버렸습니다. 원래 공부는 하나님이 만드신 피조세계를 배워나가는 흥미진진한 과정인데, 오늘날 우리나라에서 공부란 것은 스펙을 쌓기 위한 도구일 뿐입니다. 예를 들어, 영어 공부는 어떻게 합니까? 학원 다니며 토익이나 토플 시험을 준비합니다. 그러니 재미있을 턱이 없습니다. 영어를 공부하는 가장 좋은 방법은, 영어로 된 책을 읽는 것입니다. 내가 읽고 싶은 책을 영어로 읽습니다. 성경을 영어로 읽으면 한글로 읽을 때보다 훨씬 새롭습니다. 이렇게 영어를 수단으로 하나님의 여러 세계와 다른 문화를 알아갈 때 즐거움이 생기고 공부가 재미있습니다. 영어 실력도 자연스럽게 늘게 됩니다. 그런데 영어를 공부하기 위해 알지도 못하는 미국의 뉴스를 듣고, 이해하지도 못하는 영화를 보고, 문화적으로 전혀 다른 예문을 읽고 시험 문제를 풉니다. 그러자니 '문제를 먼저 읽고 예문을 보라'는 등의 기술이 필요하겠지요. 스펙에 대한 착각 때문에 우리는 본질적인 것을 놓쳐버리고 말았습니다.

첫째가 중학교 1학년 때 이야기입니다. 제 아이들은 학원에 안 다니는데, 첫째가 말하기를 학교 수업이 끝나면 같이 놀 친구들이 없답니다. 다들 학원 가느라 사라져버린다는 것이지요. 저는 자녀에게 시험에 대한 부담을 주지 않으려고 합니다. 알아서 공부하라고 말하지요. 그랬더니 정말로 아무 부담이 없더군요. 스스로 하고 싶은 공부를 합니다. 성적이 나온 걸 보니까 보통보다 조금 위, 상위 30퍼센트쯤 됩니다. 학교 다닐 때 공부 '좀' 했던 저와 제 아내가 이런 대화를 나눴습니다. "여보, 당신은 이런 점수를 본 적 있어요? 참 대단한 점수지요?" 제가 아들한테 말했습니다. "애, 너는 걱정 안 되니? 조금도? 다른 애들은 시험 보면 점수 잘 나오고 그럴 텐데, 괜찮아?" 그러자 이 녀석이 이렇게 대답했습니다. "아버지, 애들은 학원 가서 시험 보는 걸 배워요. 그렇지만 저는 스스로 공부를 하잖아요. 시간이 지나면 제가 걔들보다 더 나아져요." 기특하기도 하고 대견하기도 해서 일단은 속아 넘어가기로 했습니다. 그런데 다른 건 몰라도 이 아이가 스스로 공부한다는 것만은 분명합니다. 자기가 읽고 싶은 책을 읽고, 궁금한 것은 스스로 찾아서 배웁니다. 이것이 굉장히 중요합니다.

우리가 공부의 즐거움을 놓쳐버린 것은 공부가 자기 방어를 위해 갖추어야 할 스펙이 되어버렸기 때문입니다. 속지 마십시오. 그것이 우리를 지켜주지 못합니다. 공부하지 말고 놀자는 것이 아닙니다. 스펙도 필요하지요. 그러나 그것이 나를 지켜줄 거라고 생각하면 오산입니다. 예수님은 그런 것을 의지하지 않는 자라야 하나님 나라에 들어간다고 말씀하셨습니다.

우리가 공부를 하는 이유는 하나님이 내 속에 주신 잠재력을 최대한 발현시키기 위해서입니다. 우리 각 사람 속에 하나님이 놀라운 것들을 심어놓으셨습니다. 그런데 내 게으름으로 말미암아 그것들이 사장된 채 내 인생이 끝난다면 얼마나 불행한 일입니까? 우리 모두에게는 보석과 같은 것들이 다 숨겨져 있습니다.

그렇다면 나를 지켜주는 것은 무엇입니까? 바로 하나님입니다. 나를 붙잡아주시는 분은 예수님입니다. 내 스펙이, 내 외모가 나를 지켜주지 않습니다. 하나님 나라는 어린아이와 같은 자들의 것입니다. 어린아이란 그저 착하고 뭘 모르고 순진한 사람을 뜻하는 것이 아니라 자기 방어 능력이 없는 사람을 말합니다. 그러니까 아무 능력 없이 살자는 것이 아니라 우리가 가지고 있는 어떤 것도 의지하지 말자는 것입니다. 그것들을 통해서 하나님께 영광을 돌리고 내 삶의 의미를 찾을 수 있지만 그것이 나를 방어해 주는 것은 아닙니다. 나를 지켜주는 분은 오직 예수 그리스도 외에는 없다는 것, 이 것이 하나님 나라에 들어가 있는 사람의 특징입니다. 어린아이같이 하나님 나라를 받든다는 것은 바로 이것을 말합니다.

대가를 지불하는 사람

평범한 사람들이 하나님 나라에 들어갈 수 있고, 믿고 따르는 자들이 하나님 나라에 들어가며, 어린아이와 같은 자들이 하나님 나라에 초대되었다면 마지막으로 하나님 나라에 들어간 사람에게 요구되는 것은 바로 대가를 지불하는 것입니다.

마가복음 9장에는 우리가 아주 싫어하는 말씀이 나옵니다. "만일 네 손이 너를 범죄하게 하거든 찍어버리라. 만일 네 발이 너를 범죄하게 하거든 찍어버리라. 만일 네 눈이 너를 범죄하게 하거든 빼버리라. 한 손, 한 다리, 한 눈으로 하나님 나라에 들어가는 것이 두 손, 두 다리, 두 눈으로 지옥에 던져지는 것보다 나으니라." 참 어려운 말씀입니다. 우리 중에 팔, 다리 잘린 사람이 있습니까? 예수님 말씀에 순종한 사람이 하나도 없네요. 저도 마찬가지입니다. 이 말씀을 문자 그대로 받아들인다면 우리 중에 팔다리가 온전하게 달려 있는 사람이 없을 것입니다.

마가복음 10장에는 예수님이 제자들에게 "재물이 있는 자는 하나님의 나라에 들어가기가 심히 어렵도다. …… 낙타가 바늘귀로 나가는 것이 부자가 하나님의 나라에 들어가는 것보다 쉬우니라"(23, 25절)라고 말씀하셨습니다. 무슨 말씀입니까? 우리가 재물도 다 버리고 팔다리 다 잘라야 하나님 나라에 들어간다는 이야기입니까? 아닙니다. 예수님이 말씀하신 것은 하나님 나라에 들어가기 위해 필요하다면 어떠한 대가라도 지불해야 한다는 뜻입니다. 하나님 나라에 초대되는 것을 방해한다면 몸의 일부를 잃는다 할지라도, 재물을 다 포기해야 할지라도 그것들을 버릴 수 있는 사람이 하나님 나라에 들어간다는 것입니다. 모두 다 재물을 버리라는 말씀이 아닙니다. 다만 그것이 방해가 된다면, 그 때는 버려야 한다는 것입니다.

대학 시절, 후배들과 함께 설악산을 넘었습니다. 그 때 우리 중에는 등산을 할 줄 아는 사람이 하나도 없었기 때문에 무척 고생했습니다. 짐을 엄청나게 많이 싸가지고 갔기 때문입니다. 감자 한 상자를 가져갔습니다. 산에서 내려와 속초 해수욕장으로 가서 감자를 쪄 먹었는데도 남을 만큼 무식하게 많이 가져갔습니다. 산을 넘는 사람은 오랫동안 길을 걸어야 한다는 것을 알기 때문에 무게 줄이기에 신경을 씁니다.

제가 산악자전거를 좀 타는데, 산악자전거 타는 사람들에게는 100그램, 200그램 줄이는 게 중요합니다. 아주 어려운 고비를 올라가야 할 때, 얼마 안 되는 그 무게 때문에 결국 못 올라가기 때문입니다. 그러면 결국 자전거에서 내려야 합니다. 내리면, 끝입니다. 빨리 가는 사람보다 내리지 않는 사람이 잘 타는 사람이라는 것, 아시나요? 일단 내리면 그 때부터는 끌어야 하지요. 전문용어로 '끌바'라고 부릅니다. 바이크 끈다고요. 이렇듯 산행을 하든 자전거를 타든 장거리 여행을 하려는 사람은 무게를 줄입니다. 불필요한 것을 없앱니다. 본질적이지 않으면 빼냅니다.

최근에 한 소설가가 「노란 화살표 방향으로 걸었다」(문학동네)라는 책을 썼습니다. 스페인에 있는 순례자의 길을 40일 동안 걸은 여정을 쓴 책인데, 그 사람은 가면서 계속해서 짐을 버립니다. 처음부터 짐을 줄여서 출발했는데도 가면서 불필요한 걸 하나씩 버립니다. 나중에는 이쑤시개 하나도 버립니다. 하나님 나라에 들어가는 자는 하나님 나라에 들어가는 가치가 매우 귀하기 때문에 이것을 방해하는 것이 있다면 무엇이든 버리는 자입니다.

우리가 하나님 나라에 들어가는 것을 방해하는 것들은 무엇입니까? 수없이 많습니다. 세상의 나라는 우리에게 끊임없이 얘기합니다. 이것을 가져라, 그것을 소유해라, 저것을 누려라, 너는 그럴 자격이 있다 등등 텔레비전만 켜면 광고가 던지는 메시지가 모두 이런 내용입니다. 냉장고는 이 정도 사야 하고, 아파트는 이런 데서 살아야 하고, 당신이라면 이런 차를 몰아야 한다고 끊임없이 얘기합니다. 그런 것들이 하나님 나라에 들어가는 데 본질일까요? 사람들은 하나님 나라에 들어가기 위한 본질을 잡기 전에 세상이 말하는 이런 것들에 마음을 빼앗깁니다. 어릴 때부터 이렇게 교육받은 사람들은 세상에 나가서 백전백패할 수밖에 없습니다. 스펙을 쌓아야 하고, 세상에서 이야기하는 것들을 다 추구하고 얻고 누려야 합니다. 그런데 하나님은 하나님 나라와 그의 의를 먼저 구하면 우리에게 필요한 나머지 것들을 채우시겠다고 약속하십니다.

실력 없는 그리스도인이 되라는 것이 아닙니다. 실력 있는 그리스도인이 되어야 합니다. 다만, 우리가 실력을 쌓는 이유는 하나님 나라에 들어가기 위해서가 아니라는 것입니다. 우리는 이미 하나님 나라에 들어간 자들입니다. 하나님 나라에 들어간 백성으로서 나에게 주신 사명을 완전히 드러내기 위해서 열심히 공부하고 잠재력을 개발하고 실력을 쌓는 것입니다. 내가 쌓은 실력이 나를 보장해 주지 않는다는 사실을 아는 것이 그리스도인의 중요한 첫걸음입니다.

어느 나라에 속할 것인가

인간의 나라에 속할 것인지, 하나님 나라에 속할 것인지 우리 자신이 선택해야 합니다. 두 군데 모두 속할 수는 없습니다. 예수님이 오셔서 "때가 찼다. 하나님 나라가 가까이 왔다"라고 말씀하실 때 그 하나님 나라는 이 땅을 지배하고 있던 인간의 나라, 세상의 나라, 사탄의 나라에 대비되는 개념입니다. 이것은 완전히 다른 종류의 나라입니다. 하나님은 바로 그 나라로 우리를 초청하십니다.

우리가 세상의 나라, 인간의 나라, 사탄의 나라에 관심을 갖고 있다면, 대학 졸업 후 얼마 지나지 않아 불안감에 압도당한 채 장기하의 노래를 읊조리게 될지 모릅니다. 그러나 하나님 나라에 눈이 열린다면, 우리는 다른 자세로 공부하기 시작할 것입니다. 다른 모습으로 자기를 개발하기 시작할 것입니다. 그리고 다른 방식으로 완성된 자기 삶을 꿈꾸기 시작할 것입니다.

무엇을 쫓아가시겠습니까? 오늘 예수님은 이 땅에 오셔서 강력하게 외치십니다.

"너희가 속할 곳은 인간의 나라가 아니라 하나님 나라다! 너희가 따라야 할 나라는 세상의 나라가 아니라 하나님 나라다!"

가까이 왔다

1974년, 필리핀의 한 작은 섬에서 '오노다 히로'(小野田寬郎)라는 일본 군인이 발견되었습니다. 2차 세계대전 당시 22살의 젊은 장교였던 그는 필리핀의 루방 섬에 파견되어 전쟁에 참여했습니다. 그런데 1945년 8월 15일, 전쟁이 끝나고 그의 수하에 있던 모든 부하가 투항했지만 그는 투항하지 않았습니다. 일본이 망했다는 것을 믿을 수 없었던 그는 깊은 정글로 숨어들었습니다. 다음 해인 1946년, 투항한 부하들이 그를 찾아가서 전쟁이 끝났다고 이야기했지만 그는 미군의 속임수라며 믿지 않았습니다.

1950년 이후에는 일본 각계각층에서 오노다를 돌아오게 하려고 여러 가지 방법을 동원했습니다. 구슬픈 목소리로 군가를 부르며 전쟁이 끝났다고 알리기도 하고, 그가 숨어 있는 근처에 가서 전단을 뿌리고 신문을 갖다 놓으며 온갖 방법을 썼지만 오노다 히로는 미군이 자기를 속이기 위해 이런 방법을 쓰는 것일 뿐 전쟁이 끝난 것은 아니라고 믿었습니다. 그렇게 숨어 지내는 동안 그는 민간인과 필리핀 정찰대를 자그마치 30여 명이나 살해했습니다. 패전을 알리는 여러 전단과 통로를 접했지만 그는 그것을 믿지 않았습니다. 그러다가 1974년, 드디어 그의 직속상관이 그곳을 찾아갑니다. 그리고 그에게 투항 명령서를 건넸습니다. 그 투항 명령서를 받고서야 그는 29년 만에 루방 섬에서 나왔습니다.

일본으로 돌아온 오노다 히로는 열광적인 반향을 일으키며 위대한 군인 정신을 드러낸 일본의 군국주의 영웅으로 추앙되었습니다. 소환될 당시, 그는 소총 한 점과 탄환 500발, 수류탄 6개 등의 무기를 당장이라도 사용할 수 있도록 잘 간수하고 있었습니다. 어떻습니까? 이 치열한 군인정신과 애국, 애족하는 마음이 감동으로 다가옵니까? 아니면, 그가 헛되이 보낸 세월이 한심하고 안타깝게 느껴집니까? 오노다 히로는 29년간 혼자, 정글에서 살아남았습니다. 일본은 망하지 않았다, 나는 이 모든 속임수를 이겨내야 한다, 이렇게 되뇌며 살아남았습니다. 참 희한한 사람입니다. 무슨 이야기일까요?

또 다른 이야기가 있습니다. 제 친구의 친구가 실제로 겪은, 기가 막힌 이야기입니다. 당시 이 친구는 대학 입시에 삼수를 했는데, 또 떨어졌습니다. 완전히 좌절한 이 친구가 잠적해버렸습니다. 그런데 여기서 희비극이 시작됩니다. 이번에도 대학에 불합격했다고 생각한 이 친구에게, 얼마 후 합격 통지서가 날아왔습니다. 추가 합격이 된 것이지요. 그런데 추가 입학자는 합격이라 할지라도 기간 내에 등록하지 않으면 합격이 취소됩니다. 온 가족이 이 친구를 찾기 위해서 백방으로 수소문을 했습니다. 그는 몹시 좌절한 나머지 동해

어촌에서 방 하나를 빌려 그 속에 콕 박혀 지내고 있었습니다. 한참이 지나 집으로 돌아왔을 때는 이미 합격이 취소되고 난 다음이었습니다. 얼마나 기가 막히는 일입니까? 끝에서 몇 번째로 붙긴 했어도 결국은 붙었는데, 합격 통지서를 받지 못해서 입학이 무효가 된 것입니다. 그 친구는 그냥 군대를 갈 수밖에 없었습니다. 제가 대학 다니던 당시에는 그랬습니다.

두 이야기에는 공통점이 있습니다. 실제로 무슨 일이 일어났는지 모르고 살아가고 있다는 것입니다. 다시 말해 '시대착오적'이라는 것입니다. 시대가 바뀌었는데, 새로운 세상이 왔는데, 대학에 합격했는데, 일본은 패전하고 새로운 세계가 열렸는데 그 변화된 것을 모르고 예전 상태를 고집하며 살아가니 시대착오적입니다. 조금 다르게는 '역사의식의 부재'라고까지 얘기할 수 있습니다. 역사의식이란 무엇입니까? 인간은 역사적인 존재입니다. 하루하루를 단편적으로 사는 존재가 아니라 역사를 살아가는 존재로 내가 지금 어디에서 와서 어디로 가고 있는지를 자각하는 것이 역사의식입니다. 역사의 흐름이 어떻게 바뀌었는지 모른 채 그냥 살아가는 것은 역사의식이 없는 것입니다.

가까이 온
하나님 나라

오노다 히로라는 일본 영웅이나 오래전 제 친구의 친구 이야기를 들을 때 우리 마음은 참 안타깝고 답답합니다. 그러나 정말 안타까운 사람은 오노다 히로도, 삼수생도 아닌 그리스도인입니다. 하나님 나라 백성이야말로 안타까운 사람들일 가능성이 많습니다.

적지 않은 그리스도인이 별로 기쁨이 없는 삶을 살고 있습니다. 한숨을 많이 쉽니다. 많이 힘들어합니다. 기도도 별로 하지 않습니다. 무력합니다. 이렇다 할 꿈도 비전도 없는 그리스도인이 참 많습니다. 세상 사람들과 다른 게 있다면 그리스도인은 종교 생활을 한다는 것, 교회를 다닌다는 것, 어떤 활동에 참여한다는 것뿐, 그 밖에는 그들의 삶이 질적인 면에서 크게 다르지 않다는 것을 발견할 때가 많습니다. 왜 그럴까요?

일본의 오노다 히로나 삼수생과 마찬가지로, 그리스도인들이 역사의식을 가지고 있지 않기 때문입니다. '예수 믿으면 천당 간다'는 아주 단순한 교리 말고는 들은 바가 없습니다. 성경에서 얘기하는 놀랍고도 큰 비전들과 역사의식에 무지하고, 하나님의 역사 속에서 무슨 일이 일어났는지 하나님이 무슨 일을 하고 계신지 무지하기 때문에 오노다 히로처럼 정글에서 살아남기 위해 치열하게 총기를 닦으며 식량을 구하고 최선을 다해 열심히 살지만 결국은 바뀐 시대에 어울리는 꿈을 갖지 못하고 이미 지나간 시대에 속해서 살아가고 있는 모습. 그 모습이 오늘날 많은 그리스도인의 모습입니다.

그렇다면 그리스도인이 가져야 할 역사의식은 무엇일까요? 마가복음 1장 15절에서 예수님이 선포하신 대로 '하나님 나라가 가까이 왔다'는 의식입니다. 우리는 이미 하나님 나라에 대해 살펴보았습니다. 하나님 나라의 가장 중심적인 사상이 무엇이었나요? 하나님이 통치하신다는 것입니다. 하나님의 통치는 우리를 괴롭히기 위한 것이 아니라 그의 교제권 안으로 불러들이기 위한 것이며, 그 나라에 들어갈 수 있는 사람들은 우리같이 평범한 사람들, 어린아이와 같이 자기 방어능력이 없는 사람들, 그러나 그 나라의 고귀함을 발견해서 대가를 지불하려고 하는 사람들이라는 사실을 확인했습니다. 예수님이 말씀하시기를, 이 하나님 나라가 가까이 왔다고 합니다.

헬라어 원문의 "가까이 왔다"는 번역하기가 까다로운 단어입니다. 영어 성경들은 이렇게 옮겼습니다.

> The kingdom of God is near!(NLT)
>
> The kingdom of God has come near(NRS).
>
> The kingdom of God is at hand(KJV).

비슷한 듯하지만 뉘앙스는 저마다 다르게 번역되어 있습니다. 이 단어는 '엥기조'(*engizo*)라는 헬라어 단어의 현재완료형입니다. 여기서도 문법이 중요합니다. '엥기조'는 '가깝다, 가까이 오다, 가까워지다'라는 단어인데 현재완료로 쓰였습니다. 그렇다면 "하나님 나라가 가까이 왔다"는 것은 하나님 나라가 임했다는 것일까요, 아주 가까이 왔지만 아직 오지 않았다는 것일까요?

저는 둘 다라고 생각합니다. 사실 이 단어에 대해서는 선호하는 해석에 따라 학자들도 두 진영으로 나뉘어 있습니다. 그리고 저처럼 둘 다라고 생각하는 학자들도 있습니다. 이 단어 자체가 매우 모호한 표현으로, '아주 가까이 임했지만 아직 완전히 임하지 않은', 두 가지 개념을 모두 포괄하고 있을 가능성이 있다는 것입니다.

재미있는 사실은, 마가복음에서 똑같은 단어가 현재완료형으로 사용된 경우가 한 번 더 나타난다는 것입니다. 가룟 유다가 예수님을 배신할 때 말씀입니다.

> 일어나라 함께 가자 보라 나를 파는 자가 **가까이 왔느니라** 예수께서 말씀하실 때에 곧 열둘 중의 하나인 유다가 왔는데 대제사장들과 서기관들과 장로들에게서 파송된 무리가 검과 몽치를 가지고 그와 함께하였더라(14장 42-43절).

예수님이 "나를 파는 자가 가까이 왔느니라"라고 말씀하실 때 유다가 왔다고 합니다. '가까이 왔다'는 것이 얼마나 가까운지를 알 수 있습니다. 무척 가깝지만, 아직 오지는 않은 상태입니다. 굉장히 임박하게 가까이 왔기 때문에 온 것이나 다름없지만, 아직은 오지 않은 것입니다. 그러나 안 왔다고도 할 수 없는데, 이 말을 하고 있는 동안에 유다가 왔기 때문입니다. 예수님이 "하나님 나라가 가까이 왔다"고 말씀하셨을 때에도 '지금 곧 임하였다'는 뜻과 '이제 곧 임할 것이다'라는 두 개념이 공존합니다. 여기에 하나님 나라의 독특성이 있습니다.

이미,
그러나 아직

예수님이 선포하신 하나님 나라는, 현재 이미 임했지만 아직 완전하게 임할 것이 남아 있습니다. 이해하기가 조금 어려운 듯하지만, 이 개념은 성경 전체를 이해하는 데 매우 중요한 틀입니다. 많은 사람이 하나님 나라를 설명할 때 사용하는 "already, not yet"(이미, 그러나 아직)이라는 말이 바로 이 개념입니다. 하나님 나라가 이미 임했지만, 아직은 완전히 임한 것이 아닙니다. 하나님의 특별한 시간이 이르러서, 예수 그리스도를 통해 하나님 나라가 역사 속으로 들어왔습니다. 이것은 하나님의 단호한 역사적 개입입니다. 하나님의 다스림이 예수 그리스도를 통해서 나타나기 시작했고, 이제는 우리가 예수님을 통해서 하나님을 알 수도 있고 하나님께 나아갈 수도 있는 시대가 열렸습니다. 그 시대가 들어왔습니다. 그러나 그 시대가 완전하게 임하지는 않았다는 것입니다. 이것이 성경의 가르침입니다.

예수님이 오셔서 우리에게 하나님을 보여주시고, 그가 죽으시고 부활하신 것을 통해서 하나님 나라는 이미 이 땅에 임했습니다. 그리고 예수님이 다시 오실 때, 하나님 나라는 완전하게 임할 것입니다. 그런데 하나님 관점에서는 이 두 가지가 매우 가까이 있습니다. 그래서 이미 하나님 나라가 임했지만 아직 완전히 임하지는 않은 것입니다.

구약 시대 사람들은 하나님을 떠나 하나님 없이 절망 가운데 있었던 사람들의 시대가 계속 진행되다가 돌연 주의 날이 임하면 이 시대가 끝나고 새로운 세계가 열린다고 생각했습니다. 깨어지고 망가지고 절망스러운 당시 그 시대는 주님이 오시는 '주의 날'이 임하면 새 하늘과 새 땅, 새로운 시대로 대체될 것이라는 세계관을 지녔습니다.

그런데 예수님은 좀 다르게 말씀하십니다. 새로 오는 하나님의 시대가 겹쳤다는 것입니다. 예수님이 오시고 죽으시고 부활하신 사건을 통해서 하나님 나라가 도래했습니다. 도래한 하나님 나라와 이 시대는 지금 공존하고 있습니다. 그러나 이 공존은 곧 끝납니다. 언제 끝날까요? 예수님이 재림하실 때 공존은 끝나고 하나님 나라가 완전히 임할 것입니다. 이것을 '**종말론적 이중구조**'라고 합니다. 성경을 이해하는 데 굉장히 중요한 개념입니다.

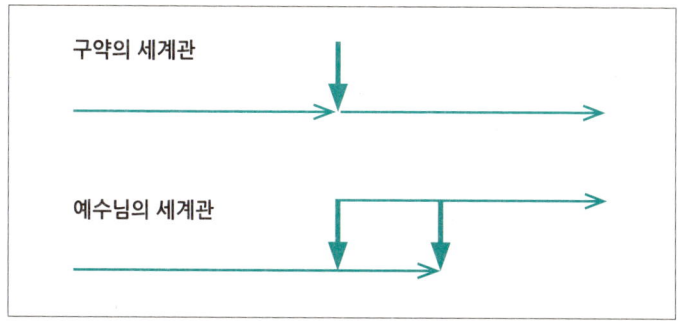

다시 설명해 보겠습니다. '이 시대'가 흘러가는 가운데, 하나님의 단호한 개입이 있었습니다. 괄목할 만한 이 개입이 바로 예수님의 오심입니다. 예수님이 오셔서 '새로운 시대'가 시작되었지요. 그래도 현재의 이 시대는 좀 더 계속되다가, 예수님이 다시 오실 때 완전히 끝이 납니다. 우리가 살고 있는 지금은, 이미 예수님이 오셨지만 아직 다시 오시지 않은 시대입니다. 이 시대와 새 시대가 겹쳐 있는 중간 시대인 것이지요. 그래서 우리가 양쪽에 속해 있다는 것이 성경의 가르침입니다. 우리의 발은 이 시대에 속해 있어서, 우리는 육신을 입고 세상 속에서 살아갑니다. 그러나 우리의 믿음으로는 하나님이 새로 시작하시는 새로운 시대에 속했습니다.

하나님 나라의 비유

이것은 제가 발명해낸 개념이 아닙니다. 예수님의 가르침을 보면 항상 이 말씀이 나타납니다. 특별히 하나님 나라 비유들은 이 이중성을 잘 보여줍니다. 마가복음 4장 26-29절의 '스스로 자라는 씨 비유'와 마가복음 4장 30-32절의 '겨자씨 비유'에서 공통점 세 가지를 한번 찾아보시기 바랍니다.

> 스스로 자라는 씨 비유(마가복음 4장 26-29절, 마 13:31-32, 눅 13:18-19 참고)
> 또 이르시되 하나님의 나라는 사람이 씨를 땅에 뿌림과 같으니 그가 밤낮 자고 깨고 하는 중에 씨가 나서 자라되 어떻게 그리 되는지를 알지 못하느니라 땅이 스스로 열매를 맺되 처음에는 싹이요 다음에는 이삭이요 그 다음에는 이삭에

충실한 곡식이라 열매가 익으면 곧 낫을 대나니 이는 추수 때가 이르렀음이라.

겨자씨 비유(마가복음 4장 30-32절. 마 13:31-32, 눅 13:18-19 참고)
또 이르시되 우리가 하나님의 나라를 어떻게 비교하며 또 무슨 비유로 나타낼까 겨자씨 한 알과 같으니 땅에 심길 때에는 땅 위의 모든 씨보다 작은 것이로되 심긴 후에는 자라서 모든 풀보다 커지며 큰 가지를 내나니 공중의 새들이 그 그늘에 깃들일 만큼 되느니라.

두 비유의 공통점 세 가지, 찾으셨습니까? 둘 다 씨에 대한 이야기라고요? 그렇게 쉬운 얘기는 하지 말고요. 씨는 씨인데 어떤 씨일까요? 둘 다 하나님 나라에 대한 이야기라고요? 그건 당연하지요. 하나님 나라를 비유로 가르치시는 것이니까요.

이 두 비유는 굉장히 비슷한 구조로 되어 있습니다. 첫째, 씨가 뿌려졌습니다. 둘째, 씨가 자라납니다. 셋째, 자라는 과정만 있는 것이 아니라 끝도 있습니다. 수확된다든지 공중에 있는 새들이 깃든다든지 하는 완성이 있습니다. 씨가 심겨서, 자라고, 완성된다는 공통점이 있습니다.

예수님이 하나님 나라를 이렇게 비유로 설명하시자 제자들이나 세상 사람들은 알아듣기가 어려웠습니다. 그래서 제자들이 예수님께 청했습니다. "왜 비유로 말씀하십니까? 그 비유를 저희에게 가르쳐주십시오." 예수님은 하나님 나라의 비밀이 하나님 나라를 따르겠다고 하는 사람들에게만 알려진다고 말씀하셨습니다. 하나님 나라를 따르는 것에는 관심 없는 사람들이 그저 호기심으로나 논쟁하려고, 또는 토론거리 삼아 하나님 나라를 아는 것은 원하지 않으셨습니다. 그래서 스스로 자라는 씨 비유에는 세 가지 시점이 나타납니다. 씨가 뿌려진 시점, 씨가 자라나는 시점, 수확하는 시점입니다.

겨자씨 비유에서는 이 씨가 지극히 작다는 것을 강조합니다. 별 볼 일 없고 사람들에게도 주목받지 못하던 작은 씨가 땅에 심겼습니다. 실제로 예수 그리스도는 팔레스타인 지역에서 태어났지만, 언제 태어났는지는 확실히 알 수 없습니다. 역사가들이 예수님을 주목한 것은 한참 후 일이니까요. 교회가 세워지고 나서, 이 교회가 갑자기 어디서 왜 생겨났는지를 역사가들이 연구해 보니까 유대 지역에 젊은 시절을 잠깐 살다간 청년으로부터 기독교가 유래했다는 사실을 알게 된 것입니다. 그래서 예수라는 분이 세속 역사에 등장합니다. 예수님 당대에는 아무도 예수님에게 주의를 기울이지 않은 것입니다.

예수님이 십자가에서 죽으셨을 때 주변에 있던 사람들은 놀랐지만, 그 밖의 사람들은 모두 그 일을 무시했습니다. 그렇게 작은 씨앗이 떨어졌습니다. 그런데 심길 때는 땅 위의 모든 씨보다 작지만 심긴 후에는 점점 자라 풀보다 커지고 큰 가지를 내서, 나중에는 공중의 새들이 깃들 정도로 커진다는 것입니다. 여기도 역시 자라가는 과정이 있고, 그 후에는 완성된 모습이 있다고 말합니다.

이 비유들은 무엇을 말하고 있습니까? 하나님 나라는 이미 씨가 뿌려졌고 이미 시작되었다는 것입니다. '이 시대'에 하나님의 씨가 뿌려졌습니다. 그리고 이 씨가 자라납니다. 이 시대는 계속 이어지고 있지만 이미 새로운 시대가 시작되었습니다. 새로운 시대는 점점 자라나다가 예수님이 재림하실 때, 곧 추수 때에 끝난다는 것입니다.

마태복음에는 이른바 '가라지 비유'가 있습니다. 사실 이 비유는 '가라지 비유'가 아니라 '좋은 씨 비유'라고 불러야 합니다. 가라지를 이야기하려는 것이 아니라 좋은 씨앗을 이야기하려는 것이기 때문입니다. 여기서도 씨가 뿌려졌습니다. 그런데 씨만 자라는 것이 아니라 가라지도 같이 자라고 있습니다. 이 둘이 마구 섞여서 자라납니다. 중간에 종들이 주인에게 "가라지를 뽑을까요?" 하고 물으니 "뽑지 말아라. 뽑다가 밀도 뽑힐까 하니 뽑지 말고 내버려두어라" 합니다. 그리고 마지막 날 다 같이 추수해서 밀과 가라지를 가려냅니다. 그날이 이 시대의 끝입니다. 밀들만 영원한 세계로 들어갑니다.

이것이 예수님께서 가르치신 하나님 나라의 이중구조입니다. 하나님 나라는 이미 임했지만, 아직 완전히 임할 때가 남아 있습니다. 우리는 그 사이를 살아가는 사람들입니다. 우리는 세상 사람들이 보지 못한 것을 본 사람들입니다. 예수님이 가져오신 새로운 시대, 하나님 나라가 도래한 새로운 시대를 본 사람들입니다. 우리는 이 하나님 나라가 이미 임한 것을 보았고, 하나님 나라가 완성될 날을 기다리는 사람들입니다.

참 놀랍습니다. 사람들은 이 시대가 계속 이어질 거라고 생각합니다. 세상 사람들은 보지 못하는 것이지요. 그들은 이 지겨운 시대가 쭉 갈 거라고 생각하고, 역사에 진보가 있기를 기대하며, 교육과 경제와 정치와 과학을 통해 진보할 수 있다고 믿지만, 진보가 일어나는 만큼 인류는 늘 위협당하고 있습니다. 핵이 발견된 후, 핵에너지로 인류가 발전할 줄 알았지만 현재 핵에너지는 우리를 가장 위협하는 도구가 되었습니다. 한여름에도 긴팔 셔츠를 입는 사람들이 있습니다. 에어컨을 가동하니까요. 얼마나 편해졌는지 모릅니다. 그러나 이러한 기술 발달 때문에 지구 온도가 올라가고 있으며, 결국 그리 멀지 않은 미래에 지구 전체가 몰락할 위험이 다가와 있다고 합니다. 기술 발전은 우리를 편하게 해주는 것 같지만, 그 반대급부를 간과할 수 없는 상황입니다.

세상 사람들은 이 시대가 끝도 없이 계속될 것이고 이 속에서 살다가 죽을 것이라고 생각하며 살아갑니다. 그러나 우리는 이 시대가 영원히 흘러가지 않을 것이며, 예수님이 역사의 한순간에 단호하게 개입하셔서 새로운 시대를 여셨다는 것을 본 사람들입니다. 예수님의 제자들이 생명을 걸고 새로운 삶을 살 수 있었던 것은, 새로운 시대가 열리고 자신들이 그 시대에 속했다는 새로운 비전이 있었기 때문입니다. 이것이 예수님의 가르침입니다.

구원의
세 시제

바울이 가르치는 구원과 하나님 나라 역시 동일합니다. 바울이 구원을 언급한 말씀들을 살펴보겠습니다.

> 너희는 그 은혜에 의하여 믿음으로 말미암아 구원을 받았으니 이것은 너희에게서 난 것이 아니요 하나님의 선물이라(에베소서 2장 8절).

바울은 우리가 구원을 '받았다'고 말합니다. 과거 시제입니다. 많은 사람이 이 구절을 가지고 구원의 확신을 얘기합니다. "나는 이미 구원을 받았다." 그런가 하면,

> 십자가의 도가 멸망하는 자들에게는 미련한 것이요 구원을 받는 우리에게는 하나님의 능력이라(고린도전서 1장 18절).

여기서 "구원을 받는 우리에게는"이라는 표현은 시제가 어떻습니까? 우리말로는 분명하지 않은데 영어로 살펴보면 "to us being saved", '구원을 받고 있는 우리에게는'이라는 뜻입니다. 현재진행형 시제입니다. 에베소서 2장 8절에서 '구원을 받았다'고 말한 바울이 여기서는 '구원을 받고 있다'고 합니다. 고린도전서를 쓸 당시 바울이 지나치게 힘든 나머지 구원의 확신이 살짝 사라진 걸까요? 한 군데 더 보겠습니다.

> 주께서 나를 모든 악한 일에서 건져내시고 또 그의 천국에 들어가도록 구원하시리니 그에게 영광이 세세무궁토록 있을지어다 아멘(디모데후서 4장 18절).

"주께서 나를 …… 구원하시리니." 미래 시제입니다. 이 때는 완전히 구원의 확신이 사라진 모양입니다. 사도 바울이 우리보다도 구원의 확신이 없는 것 같습니다. 우리가 구원을 받았다는 건가요, 받고 있다는 건가요, 받으리라는 건가요? 구원에 대해서 바울은 왜 이렇게 헷갈리고 있습니까?

바울은 '하나님 나라'라는 단어를 거의 사용하지 않았지만 그의 가르침에는 예수님이 가르치신 하나님 나라의 사상이 깔려 있습니다. 하나님 나라의 이중적 구조로 인한 종말론적 시간관이 그의 신학에 반영되고 있는 것입니다. 사람들의 시대가 흘러오다가 하나님이 개입하신 그 때, 우리는 하나님이 하신 놀라운 일로 인해서 구원을 받았습니다. 그런데 이 구원은 예수님이 재림하실 때 완벽하게 이루어집니다. 이 구원이 남아 있는 것입니다. 이 사이에서 우리는 구원을 받고 있습니다. 우리의 구원이 이루어져가고 있습니다.

영국의 한 유명한 신학자가 학교에서 퇴근하면서 두툼한 성경을 들고 걸어가고 있었습니다. 그 때 한 청년이 담대하게 전도하기 위해 그에게 다가가 물었습니다. "선생님, 선생님은 구원의 확신이 있으십니까?" 그러자 이 교수님이 씩 웃으며 답했습니다. "에베소서 2장 8절에 따르면 있네. 그런데 고린도전서 1장 18절에 따르면 지금 그냥 진행 중이지. 그리고 디모데후서 4장 18절에 따르면 아직 못 받은 게 확실하네." 그 청년은 머리를 긁적이며 돌아갔다고 합니다.

우리는 과거에 이미 받은 구원과 미래에 완성될 구원 사이에서 현재 구원을 이루어가고 있습니다. 오늘날 한국 교회의 문제는 현재와 미래의 구원 부분을 잃어버리고 우리가 이미 구원받았다는 얘기만 한다는 것입니다. 우리나라 그리스도인들이 구원의 확신을 얼마나 단순하고 빈약하게 이해하고 있는지 모릅니다.

이렇게 여러 서신서에서 구원에 대해 서로 다른 시제를 쓴 것 때문에 바울은 일관되지 못한 사상가라는 비판을 받기도 합니다. 그런데 베드로는 더 심합니다. 베드로전서 1장에는 세 가지 시제가 모두 나타납니다. 바울은 이 책, 저 책에서 딴소리를 하는데 베드로는 한 책의 한 장 안에서 '구원받았고, 구원받을 것이며, 구원받고 있다'고 말합니다. 바울도 베드로도 정신이 나간 사람들인 것입니까? 아닙니다. 이것이 바로 성경이 가르치는 세계를 보는 역사의식이자, 시대를 보는 눈입니다. 이미 구원을 받았지만, 완벽한 구원은 남아 있고, 우리의 구원은 삶 속에서 이루어지고 있습니다. 그래서 빌립보서 2장 12절에서 바울은 "두렵고 떨림으로 너희 구원을 이루라"고 얘기하는 것입니다.

이 시대 속 그리스도인

우리는 어떤 사람들입니까? 구원을 받은 사람, 맞습니다. 그러나 이 시대를 살면서 발은 땅에 딛고 세속과 싸우며 하나님 나라를 소망합니다. 우리의 시민권은 이 땅이 아니라 저 위에 있습니다. 이곳은 곧 사라질 것이고 저곳은 영원할 것입니다. 이 비전을 가진 사람들만이 이 시대를 살면서 이 시대에 굴복하지 않고 하나님 나라를 바라보며 살 수 있습니다. 하나님 나라가 이미 임했고, 영원할 것이기 때문입니다. 이 땅에 있는 것들은 지금 번성하는 것처럼 보이지만, 끝날 것이고 사라질 것이며 소멸될 것입니다. 지금 이 세상에서 내 생명을 위협하는 것이 있다 할지라도 그것은 곧 사라질 것이기에 굴복하지 않을 수 있습니다. 이것이 초대교회 교인들이 지닌 사상입니다. 그들을 지탱할 수 있었던 비전입니다.

오늘날 그리스도인들이 왜 이렇게 기쁘지 않으며 왜 이렇게 무력한지 아십니까? 하나님 나라에 대한 비전, 하나님이 이루실 이 나라에 대한 비전을 놓쳐버렸기 때문입니다. 구원은 한 번 받으면 끝이고, 그 다음부터는 그냥 구원의 확신을 되뇌면서 죽을 때까지 살기 때문입니다. 그러면 하나님이 우리를 이 땅에 두신 이유가 무엇입니까? 구원받았으면 바로 바로 데려가셔야지 왜 구원받고 나서도 이 땅을 살게 하십니까?

우리 인생도 이 세계의 역사와 마찬가지입니다. 쭉 흘러오던 인생의 어느 시점에 구원을 받고 나서, 예수님이 다시 오실 때까지 또는 내가 죽을 때까지 인생은 더 이어집니다. 그리고 그 때, 우리는 완벽한 구원을 얻을 것입니다. 예수님이 다시 오셔서 이 세상이 소멸될 수도 있고, 우리 개인의 삶이 끝나서 완전한 그 나라에 들어갈 수도 있습니다. 죄송한 얘기지만 저보다 20년, 30년 젊다고 해서 반드시 나중에 죽으리라는 보장은 없습니다. 우리의 종말은 아무도 모릅니다. 언젠가 죽음은 옵니다. 그날 우리는 완벽한 구원을 얻을 것입니다. 그런데 어떤 사람은 구원을 이루어가다가 그날을 맞이할 것이고, 어떤 사람은 세속에 묻혀서 정신없이 지내다가 그날을 맞이할 것입니다. 죽음은 그리 멀리 있지 않습니다. 예수님이 다시 오시든 아니면 내가 죽든, 우리는 종말을 맞이하게 됩니다. 우리는 그 중간 시대를 살고 있습니다.

최근에 저는 살아 있다는 것이 정말 불확실하다는 것을 배웠습니다. 몇 년 전, 아버님과 같이 식사를 하기 위해서 자전거를 타고 산을 넘어 약속 장소로 갔습니다. 종종 다니는 북악스카이웨이였습니다. 식당에 도착해서 식사를 하려는데 가슴이 아파왔습니다. 체한 것 같았지요. 화장실에 가서 온갖 짓을 다 했습니다. 견딜 수 없이 아파서 심지어는 화장실 바닥에 드러눕기까지 했습니다. 순간, 이렇게까지 아프다니 좀 이상하다는 생각이 들었습니다. 그래서 아버님께는 "제가 좀 체한 것 같아서 약국에 잠시 다녀오겠습니다" 하고는 나가서 택시를 타고 바로 앞에 있는 대학병원으로 들어갔습니다. 검사를 받았는데, 통증의 이유를 알 수 없다고 저를 방치해 놨습니다. 8시간 동안 너무나 고통이 심해서, 제가 아는 병원에 다시 연락을 했습니다. 그곳에 가서 검사를 해보니, 관상 동맥 밑으로 흐르는 두 번째 중요한 혈관이 막힌 것이었습니다. 심장이 죽어가고 있었습니다. 그 때 그냥 내버려뒀다면 오늘 저는 이 글을 쓸 수 없었겠지요. 곧바로 응급실로 들어가 수술을 받았습니다. 수술 후에 담당 의사가 저에게 이렇게 말하더군요. "열 명 중에 네 사람은 이 수술실까지 오지도 못합니다. 정말 행운이십니다. 착하게 사십시오." 그래서 요즘 착하게 살려고 애쓰고 있습니다.

　죽는 것은 그렇게 간단합니다. 핏줄 하나만 막히면 순식간에 죽을 수 있는 것이 우리 인간입니다. 그런데도 마치 영원히 살 것처럼 인생을 산다면 그는 어리석기 그지없는 사람입니다. 이 세상 속에서 무의미하게, 어쩌면 허상을 쫓아서 세상이 바라는 대로 살아갈 수밖에 없던 우리에게 참으로 놀라운 소망이 있는 것은, 새로운 세계의 비전을 보여주셔서 언제 죽어도 완벽한 구원을 얻을 것이라는 소망을 갖고 살도록 하나님이 우리를 부르셨다는 것입니다. 그래서 우리는 이 땅에 있는 허무한 것과 세속적인 것과 결국 없어질 것들의 불의에 굴복하지 않고 주님께 굴복하면서 살 수 있습니다.

교회와 성령, 중간 시대를 살 수 있는 힘

이미 임했고 또 완전히 임할 하나님 나라 사이의 중간 과정, 이미 받았고 장차 받을 구원을 지금 이루어가고 있는 이 중간 과정에서 아주 중요한 존재가 있습니다. 바로 교회입니다. 에베소서 2장 11-22절은 교회가 이 중간 과정에서 하나님이 세우신 공동체라는 것을 말해 줍니다. 구원을 받고 난 다음, 우리는 혼자 신앙생활을 하는 것이 아니라 중간 과정을 같이 걸어가고 있는 공동체와 함께 살아갑니다. 교회는 우리가 이 중간 시대를 살 수 있도록 하나님이 주신 공동체입니다.

그뿐 아니라 중간 시대에서 중요한 역할을 하시는 존재가 있습니다. 바로 성령님입니다. 우리가 예수님을 믿을 때 예수님의 영이 우리 가운데 오셔서 우리를 인도하시며 새로운 시대를 살 수 있는 힘을 주십니다. 우리에게 성령의 은사를 주셔서 우리 속에 있는 은사가 계발되고, 우리의 성품이 바뀌어서 성령의 열매가 맺힙니다. 성령님이 능력을 주셔서 우리 힘이 아니라 그분의 능력으로 살 수 있도록 도와주십니다. 성령님이 비전을 주셔서 인생에 대한 꿈을 꾸게 됩니다. 성령님과 가까이 지내다 보면 우리는 성령이 충만해지는 데까지 이르게 됩니다. 이렇게 중간 시대 동안 아주 중요한 역할을 하시는 분이 성령님입니다. 그런데 우리가 이분께 무관심하면 성령님은 우리 속에서 근심하십니다. 예수님을 받아들이고 난 다음에 우리에게 기쁨이 없는 것은, 대부분 우리 안에 계신 성령님이 근심하시기 때문입니다. 근심하시는 성령님을 우리가 계속 무시하면 어느 단계부터는 우리 안의 성령님이 침묵하십니다. 불이 꺼지듯이 성령이 소멸됩니다. 사도 바울은 성령을 소멸하지 말라고 얘기했습니다(살전 5:19).

중간 시대인 지금은 우리 가운데 성령님이 오셔서 우리를 인도하십니다. 우리로 하여금 성품이 변화되는 성령의 열매, 교회를 세우는 성령의 은사, 인생을 어떻게 살아가야 한다는 성령의 비전, 그렇게 살아갈 수 있는 성령의 능력으로 성령 충만한 데까지 이르게 인도하시는 성령님을 따라가지 않으면, 결국 성령님이 근심하시다가 소멸되는 것입니다.

교회와 성령, 이 둘은 중간 시대를 사는 그리스도인에게 매우 중요한 존재입니다. 함께 속해서 같이 살아갈 공동체인 교회와, 우리를 개인적으로 공동체적으로 이끌어가시는 성령님을 놓쳐서는 안 됩니다.

"하나님 나라가 가까이 왔다"라는 것은 바로 이것입니다. "Already, not yet." 이미 하나님 나라는 임했지만 아직 완전히 임한 것은 아닙니다. 우리는 그 중간 시대를 살아가고 있는 사람들입니다. 이제 매우 중요한 이야기를 해야 할 때가 왔습니다.

하나님 나라 백성의 특징
_ 기뻐합니다

하나님 나라의 역사의식을 가진 백성의 삶은 어떨까요? 하나님 나라가 가까이 왔다는 말씀을 받아들여서 예수님이 보여주신 역사의식으로 살아가는 사람들은 어떤 삶을 살까요? 첫째, **기뻐합니다**. 기뻐할 수밖에 없습니다. 내가 그 나라에 속했기 때문입니다. 다르게 표현하면, 작은 씨가 내게 뿌려졌기 때문입니다. 작고 보잘것없는 씨앗처럼 보이지만 그 씨앗이 내 심령에 심겼기 때문에 나 같은 사람이 하나님 나라에서 그분의 다스림을 받으며 살게 되었습니다. 그가 내 왕이 되시고 나는 그의 백성이자 그의 가족이 되었습니다. 이 사실 때문에 기뻐할 수밖에 없습니다.

어떤 사람들은 이 사실이 별로 기쁘지 않습니다. 내가 어떤 존재인지를 직면하지 않기 때문입니다. 나는, 우리는, 하나님 나라에 들어갈 자격이 없는 존재입니다. 우리 대부분은 청와대도 감히 마음대로 들어가지 못하는 사람들입니다. 들어가고 싶다고 해서 청와대 근처에서 얼쩡거리면 전경이 쫓아내겠지요. 하나님의 영광에 비하면 청와대는 눈곱만큼도 되지 않습니다. 청와대에도 들어가지 못하는 우리인데, 하나님의 영광이 가득한 하나님 나라에는 어떻게 들어갈 자격이 되겠습니까? 그런데도 우리는 하나님을 종이호랑이로 생각하기 때문에 하나님 나라가 얼마나 영광스러운 곳인지, 그곳에 들어간다는 것이 얼마나 감격스러운 일인지 전혀 모릅니다. 자기 자신이 얼마나 심각한 죄인지 모르기 때문입니다.

우리는 어떤 존재입니까? 하나님을 종이호랑이처럼 여기는 사람들입니다. 우리는 하나님을 알아도 하나님을 영광스럽게 하지 않습니다. 우리는 너무나 세속적이고, 하나님도 예수님도 잘 알지 못하면서 자신이 그리스도인이라고 확신합니다. 믿지 않는 사람들에게 약간 우월의식을 갖기조차 합니다. 하나님을 잘 섬기지도 않으면서, 하나님을 두려워하지도 않으면서 하나님을 믿노라 자신합니다.

우리는 그저 평범한 사람들입니다. 사실 우리가 살고 있는 세상은 극소수의 사람만 성공하고 대부분 실패합니다. 살아남는 것은 전체의 20퍼센트뿐입니다. 그 사람들만 잘 삽니다. 나머지 80퍼센트는 실패했거나 그냥 그렇고 그런 인생입니다. 그런데 그 20퍼센트도 들여다보면 그 안에서 또 상위 20퍼센트가 있고, 나머지 80퍼센트가 있습니다. 텔레비전에 나오는 성공한 사람들은 모두 상위 20퍼센트

중의 20퍼센트, 약 4퍼센트에 해당하는 사람들입니다. 이것이 우리가 살고 있는 세상, 모든 사람을 '루저'(looser)로 만드는 세상입니다. 그것이 세상의 기준입니다.

그런데도 우리는 마치 이 땅에 소망이 있는 것처럼 살면서, 우리에게 생명도, 행복도, 의미도 주지 못하는 세상에 매여 있습니다. 그래서 스펙 얘기만 나오면 기가 죽고, '어떻게 스펙을 쌓을까, 어떻게 살아남을까' 걱정하는 사람들이었습니다. 이렇게 평범하고, 보잘것없고, 그다지 쓸데도 없어 보이는 우리에게 예수님이 찾아오셨습니다. 역사의 전환점에 오셔서 "때가 찼다"라고 선언하신 예수님이 우리 각 사람에게도 찾아오셔서 카이로스의 '그 때'를 주십니다. 우리 인생이 전환점을 맞이하는 것입니다. 우리가 이 예수님을 알게 되었다는 것은, 이 세상이 전부인 줄 알고 살아가던 나를 그분의 나라에 초대하셔서 새로이 시작된 다른 세계, 새 시대에 들어가게 하셨다는 것을 보게 되었다는 의미입니다.

예수님은 "아, 내 죄를 사하신 분! 나를 천국 가게 하신 분!"을 넘어서 "나 같은 사람이 하나님 나라에 속해서 그분의 다스림을 받도록, 새로운 세계를 꿈꾸며 살아갈 수 있도록 하시는 분"입니다. 이것이 바로, 예수님이 어떤 분인지도 모르면서 예수님을 쫓아다니던 제자들이 자부심을 가진 이유입니다. 그들은 예수님께 부르심을 받았다는 데 자부심이 있었습니다. "메시아께서 시작하시는 메시아 왕국에 나를 불러주셨다니!" 그들은 예수님을 오해했기 때문에 잘못된 기대가 무너지고 오해가 풀려나가는 과정이 필요했지만 그들의 자부심만은 타당한 것이었습니다. 내세울 것이 전혀 없는 그들이 하나님의 위대한 역사에 참여하게 되었기 때문입니다.

그 하나님이 하나님 나라를 시작하셔서 세상을 회복하는 일들을 시작하셨는데, 그 일에 우리를 불러주셨습니다. 자격 없는 우리를 부르신 것입니다. 그리고 우리를 하나님이 어떻게 대하십니까? 우리를 종으로 쓰셔도 우리는 감지덕지입니다. 만약 청와대에 들어가서 대통령 비서를 한다면 무척 영광스러운 일일 것입니다. 비서라는 직책은 누구의 비서를 하느냐에 따라 얘기가 달라집니다. 종도 누구의 종이냐에 따라 얘기가 달라지듯이 말이지요. 하나님이 우리를 종으로 부르셨다면 냉큼 가서 무엇이든 죽도록 충성해도 광장히 감사하고 영광스러운 일입니다. 그런데 하나님은 우리를 종이 아니라 자녀로 부르셨습니다.

하나님의 자녀가 된다는 것은 얼마나 영광스럽고, 감히 받아들일 수 없는, 감히 떠받들 수 없는 부르심인지요! 우리가 그럴 만한 가치가 있습니까? 그럴 자격이 있습니까? 아뇨, 가치도, 자격도 없습니다. 우리는 지극히 평범하고, 어린아이처럼 방어능력도 없는 사람입니다. 그런데 우리를 부르십니다. 보잘것없는 이스라엘을 부르신 것처럼, 내세울 것 없는 제자들을 부르신 것처럼, 우리를 부르십니다. 그리고 우리로 하여금 하나님을 "아바 아버지"라고 부르게 하십니다. 아람어로 아버지를 부르는 말은 '아비'(*abi*) 또는 '아비누'(*abinu*)입니다. 일반적으로 사용하는 '아비누'는 '우리 아버지'라는 공적인 표현입니다. '아비'는 '나의 아버지'라는 공적인 표현입니다. 영어로는

'my father', 'our father'가 됩니다. 그런데 '아바'(*abba*)는 집에서 아버지를 부르는 애칭으로 우리말 '아빠'와 비슷한 표현입니다.

우리를 자녀로 부르신 하나님은 우리에게 당신을 '아비, 아비누'(아버지, 우리 아버지)라는 공적인 호칭으로 부르게 하지 않으시고, 집에서 아이들이 아버지를 부를 때처럼 '아바'라고 부르게 하십니다. 우리를 종으로 부르신 것이 아니라 자녀로 삼으시고, 자녀로 삼으실 때도 공적 관계를 유지하는 것이 아니라 애정의 관계로 '아바', '아빠'라고 부르게 하셨습니다.

하나님의 은혜가 무엇입니까? 받을 만한 자격이라고는 눈을 씻고 찾아봐도 도무지 없는 우리를, 종으로 불러주셔서 허드렛일을 시키셔도 감사할 우리를, 자녀로 부르셔서 '아바'라고 부를 수 있게 하신 것이 하나님의 은혜입니다. 이것이 하나님 나라에 속한 사람들의 깨달음이고 감격입니다. 그래서 우리는 기뻐합니다.

우리 감사의 제목이 무엇입니까? "좋은 대학에 들어가서 감사합니다." "좋은 이성친구가 생겨서 감사합니다." "좋은 부모님 주셔서 감사합니다." "건강 주신 것 감사합니다." 모두 좋은 일이고 감사할 일입니다. 그러나 이 모든 것과, 내가 하나님을 '아바'라고 부르는 것을 비교할 수 있을까요? 애초에 비교할 수가 없습니다. 감사의 차원이 다른 얘기입니다. 그래서 그리스도인들은 내가 좋은 대학에 못 들어갔어도, 내가 남자친구나 여자친구가 없어도, 내 가정적인 배경이 나빠도, 내 건강이 나빠도, 어떤 말도 안 되는 상황이어도 감사하고 기뻐할 수 있습니다.

만약 그리스도인이 세상에서 받은 축복 때문에만 감사하고 기뻐한다면 무당을 찾아가서 복채 내고 복 받는 사람들과 무엇이 다르겠습니까? 그리스도인에게는 다른 기쁨이 있습니다. 다른 종류의 기쁨입니다. 바로 나 같은 존재가, 그분의 자녀가 되었다는 기쁨입니다. 이것을 깨달으면, '우리 아버지 하나님의 좋은 아들딸로 잘 자라가야지' 이런 생각이 들지 않을 수가 없습니다. 나 같은 자를 자녀로 삼아주신 아버지를 위해서, 아버지의 사랑을 위해서, 아버지의 명예를 위해서 내가 열심히 살아야지, 건강하게 자라고 씩씩하게 자라서 아버지의 영광을 조금이라도 높여 드려야지 하는 자세가 당연하게 우러나와 우리 속에서 구원이 자라가게 되는 것입니다. 매우 자연스러운 일입니다.

이러한 '하나님 나라의 역사의식'을 진지하게 갖춘 사람은 감격하며 삽니다. 저는 '감읍'(感泣)이라는 표현을 자주 사용합니다. 매우 감사해서 울고 있는 것입니다. 그리스도인에게 감읍하는 경험들이 사라지면 그 사람은 이미 영적으로 아주 심각한 위기 상황이 시작되었다고 볼 수 있습니다. 하나님의 은혜를 생각할 때 어떻게 눈물을 흘리지 않을 수 있습니까? 가끔이지만 저는 밤에 자다가도 깜짝깜짝 놀랍니다. 내가 하나님을 몰랐으면 어떡할 뻔했나, 하나님을 모른 채 지금 나이대로 오십이 되어버렸으면 도대체 어떡할 뻔했나, 생각하면 끔찍합니다. 고등학교 1학년 때 저를 찾아와주신 하나님이 참으로 감사하고, 제게 복음을 전해 준 형들이 정말 고맙습니다. 그때 주님이 저를 안 잡으셨으면 대학 시절을 허랑방탕하게 살았거나 과격분자가 되었을 것 같습니다. 제 성격을 제가 아니까요. 그래서 하나님이 저를 그 어린 나이에 불러주신 게 아닐까요? 지금도 그 생각을 하면 진심으로 기쁩니다.

여러분에게 묻고 싶습니다. 여러분에게 그 때가 임했습니까? 이 감격과 기쁨을 누리고 있습니까? 그냥 교회만 왔다 갔다 해서는 안 됩니다. 교회 다닌다고, 성경공부 한다고 달라지는 것은 없습니다. 하나님이 내 아버지가 아니라면 아무 소용이 없습니다. 그런데 예수님은 오늘도 외치고 계십니다. 하나님 나라가 임하였다고, 그러니 그 나라로 들어오라고 외치십니다. "자격 없는 너희가 들어와라. 들어와서 하나님을 아버지라고 부르고, 이제 새로운 삶을 살기 시작해라!" 예수님의 부르심에 귀 기울이십시오.

하나님 앞에 인격적으로 서 본 적이 있습니까? 예수님을 내 주인으로 받아들인 적이 있습니까? 또는 예수님을 내 주인으로 받아들였지만 그저 구원받기 위해서라고 생각했을 뿐 그것이 하나님의 다스림 안으로 들어가는, 새로운 시대 속에 들어가는 비전이라는 것은 알지 못했습니까? 복음을 개인주의적으로만 받아들였을 뿐, 이런 놀라운 하나님 나라의 역사에 동참하는 것인 줄은 몰랐습니까? 그렇다면 지금, 하나님께 약속할 수 있습니다.

"내가 당신의 나라에 들어갑니다. 당신의 새로운 세계로 들어갑니다."

"내가 감히 하나님을 아버지라고 부르겠습니다."

"내가 하나님 나라의 백성이 되는 것이었군요. 하나님의 다스림을 받는 인생이 되는 것이었군요. 내 마음을 새롭게 다시 드립니다."

하나님 나라 백성의 특징
_ 기도합니다

하나님 나라의 역사의식을 가진 사람들은 기뻐할 수밖에 없습니다. 사랑하는 형제자매들이 기쁘게 살길 바랍니다. 이성친구가 생겨서, 학점이 잘 나와서, 장학금을 받게 되어서 기쁜 것이 아니라 하나님이 내 아버지가 되셔서 기쁜, 그런 인생을 사시기 바랍니다. 그런데 우리는 단순히 기뻐할 뿐 아니라 **기도합니다.** 하나님 나라가 자라나는 과정을 위해서 일하며 기도합니다. 씨앗이 이미 떨어졌기 때문에 우리는 그 씨앗을 마음에 품고 내가 어떻게 살아가야 하는지를 생각하기 시작합니다. 소극적으로는 그 나라에 부끄럽지 않게 살아가야 하고, 적극적으로는 그 나라가 완전히 임할 수 있도록 살아가야 합니다.

내 인생과 노동, 직업이 하나님 나라와 관련이 없다면, 그것은 허무한 인생입니다. 끝나버릴 세상에 투자하는 일이기 때문입니다. 우리의 노동과 수고와 애씀이 하나님 나라와 관련이 없다면, 정글 속에 앉아서 총탄 닦고 총기 분해하고 조립하고, 참호 파는 일과 같습니다. 이미 끝난 세상인데 그곳에서 치열하게 사는 것이 무슨 소용이겠습니까? 하나님 나라가 임했고 그 나라가 자라간다는 것을 알았다면, 내 인생을 없어질 것에 뿌리내릴 것이 아니라 영원히 올 나라를 바라보면서, 그 나라가 임하기 위해서 내 인생을 어떻게 살까를 생각해야 합니다.

그러려면 무엇보다 내가 자라야 합니다. 영적 아이는 하나님 나라의 일을 할 수 없습니다. 영적 아이는 돌봄을 받아야 합니다. 이제 막 하나님을 아버지라고 부르기 시작했다면 영적 아이일 가능성이 높습니다. 쑥쑥 자라십시오. 어서 자라서 하나님 나라의 일을 감당할 수 있는 동역자가 되겠다는 꿈을 꾸십시오.

청년의 때에 실력을 쌓아야 합니다. 주경야독하며 열심히 사십시오. 우리는 열심히 살아야 할 분명한 이유가 있습니다. 우리는 이 시대에 열심히 사는 사람들과는 다른 이유 때문에 열심히 삽니다. 그들은 성공을 위해서, 스펙을 더 쌓기 위해서 치열하게 살아가지만, 우리는 하나님 나라의 비전을 품고 열심히 살아갑니다. 우리는 숭고하고도 높은 비전을 보기 시작했습니다. 그 비전에 사로잡히면 치열하게 살 수밖에 없습니다. 열심히 살고 싶어집니다. 영적 아이일 때는 자꾸 쓰러지고 넘어지고 기저귀를 갈아야 하지만, 영적으로 성장하기 시작하면 그런 욕망, 소망이 가슴 속에서 꿈틀꿈틀 자라기 시작합니다.

그러므로 우리는 기도합니다. 비전을 봤기 때문에, 새 시대를 봤기 때문에, 인생을 허무하게 낭비할 수 없다는 것을 깨달았기 때문에, 지금 치열하게 실력을 쌓으면서 하나님의 뜻을 분별해야 합니다. 하나님 나라가 자라가는 과정에서 내가 감당해야 할 일이 무엇인지 고민하고 기도하는 것입니다. 크고 대단한 일이 아닐 수도 있습니다. 하나님은 아주 작은 일을 시키실지도 모릅니다. 무슨 일이든 주님이 내게 맡기신 일이 무엇일까, 그 꿈을 꾸기 시작해야 합니다. 계속 꿈꾸십시오.

대학교 4학년 때, 복음은 전하지 않고 이상한 얘기만 잔뜩 늘어놓는 학교 채플에 오랫동안 참석하면서 무척 마음이 아팠습니다. 하루는 채플이 끝나고 나가다가 혼자 무대 위에 올라갔습니다. 무대 위에서 보니까 굉장히 큰 강당이 한눈에 들어왔습니다. 그 때 제 마음속에 이런 생각이 들었습니다. '하나님, 제 인생에서 이런 강당에 모여 있는 청년들에게 하나님의 복음을 전할 기회가 있을까요?' 저는 그 때까지 항상 일대일로 복음을 전했고, 사람들에게 설교를 해본 적은 한 번도 없었습니다. 그런데 그날 이상하게도, 이건 뭐 복음도 아니고 인생철학도 아닌 이야기를 하는 채플 시간 내내 한참 졸다가 일어나서는 강당을 몇 번 걸으며 속으로 그런 생각이 든 것입니다. 피식 웃음이 나왔습니다. 복음이나 잘 전하자 싶었지요. 지금 한 명에게 복음을 전하고 있는 내가 이 강당에 가득 찬 청년들에게 복음을 전하는 날이 혹시라도 올 거라고는, 꿈도 꾸지 못했습니다. 그러나 이제 청년 집회에 가서 수많은 청년에게 설교를 할 때마다 그날이 생각납니다. 30년 전, 그 어릴 적에 꾸던 꿈을 주님이 이루셨습니다. 그 때 나는 어렸고 아무것도 보이지 않았는데, 그저 주변 친구들에게 복음을 전하려고 애썼을 뿐인데 주님이 꿈을 이루어주셨습니다.

하나님 나라에는 일꾼이 필요합니다. 희어져 추수할 것이 많으니, 일꾼들을 보내달라고 기도하라고 주님이 말씀하셨습니다. 우리가 그 일꾼이 될 수 있습니다. 그 나라는 자라가고 있고, 우리 안에서도 구원이 성장해 나가고 있기 때문입니다. 그러므로 꿈을 꾸고, 내가 해야 할 일을 찾아가십시오. 그럴 때 우리는 어려움을 극복하기 시작합니다.

이 비전을 품고 살아가면 어려움이 별로 무섭지 않다는 걸 알게 됩니다. 왜입니까? 끝이 보이기 때문입니다. 장거리 달리기를 해보면 압니다. 끝이 없다면 못 뜁니다. "자, 이제 1킬로미터 남았어." "500미터 남았어!" "100미터만 더 가면 돼!" 남았다는 것을 알기 때문에 뛸 수 있는 것입니다. 자전거로 산을 오를 때, 처음 가는 산은 늘 어렵습니다. 이 언덕이 언제 끝날지 모르기 때문입니다. 언덕을 타고 올라가다가 지쳐서, 정말 못 견디게 힘들어서 자전거에서 내려 끌고 가면, 한 고비 지나서 바로 꼭대기가 나오곤 합니다. 마지막 10미터를 남겨놓고 내린 것입니다. 조금만 참았으면 올라갔을 텐데! 앞에서 얘기했듯이, 자전거에서 내리지 않는 사람이 가장 잘 타는 것입니다. 그런데 두 번째로 그 산에 간다면, 이것만 넘으면 곧 정상이라는 것을 아니까 절대로 내리지 않습니다.

끝을 알면, 이길 수 있습니다. 하나님 나라의 백성이 인내하고 이길 수 있는 건 그 사람들이 독해서가 아닙니다. 그냥 평범한 사람들이지만 우리는 끝을 알아버렸습니다. 그래서 이길 수 있는 것입니다. 그래서 견디며 기도할 수 있습니다.

하나님 나라 백성의 특징
_ 기대합니다

마지막으로 우리는 **기대합니다.** 그 나라가 완전하게 드러날 것을 기대합니다. 수확할 때가 있다는 것을 알기 때문입니다. 끝이 있다는 것을, 우리가 살고 있는 이 세상이 완전하지 않다는 것을, 우리의 회복조차도 완전하지는 않다는 것을 압니다. 우리는 불완전한 세상 속에 살아갑니다. 그래서 지금까지는 내 인생이 후회와 원망과 안타까움으로 가득했을지 모르지만 이제는 그러지 않습니다. 이것들이 모두 완성되기 위한 불완전한 세상 속에 살고 있는 내 인생의 모습이라는 것을 깨닫고 살아가기 시작합니다.

인생에서 만나는 어떤 결핍이나 실패, 고통도 유익합니다. 이 세상에서 고통과 실패와 결핍이 없으면, 우리는 이 세상에 하나님 나라가 임한 줄 알기 때문입니다. 어떤 면에서, 일정량의 고통은 우리에게 유익합니다. 고통과 결핍이 있어야 세상이 불완전하다는 것을 다시 기억합니다. 사랑하는 사람이 곁에 있고, 모든 일이 잘 풀리고, 아무 어려움이 없다면 그에게는 하나님 나라가 필요하지 않습니다. 부족함이 있고 실패가 있고 결핍이 있을 때, 우리는 완전한 하나님 나라를 꿈꾸기 시작합니다.

공동체에서 관계의 어려움을 겪을 때가 있습니다. 그럴 때 하나님 나라의 비전이 있는 사람은 '무슨 공동체가 이 모양이야?' 하며 공동체를 나가버리지 않습니다. 완전하게 회복될 진짜 공동체가 오기 위해서 내가 여기서 불완전한 공동체를 경험하는구나, 이것이 바른 자세입니다. 이 땅의 공동체는 모두 깨어진 공동체, 부족한 공동체입니다. 지금 속한 공동체에 실망해서 다른 공동체에 간다 해도 그곳 역시 깨어지고 문제가 있습니다. 왜 그럴까요? 그 사람이 돌아다니면서 공동체를 깨기 때문이지요. 자기가 문제인 것입니다. 이 땅의 공동체는 깨어져 있습니다. 그러나 우리는 깨어지고 부족한 공동체를 보면서도 마음에 소망을 품습니다. 이 공동체가 더 온전해져야겠지만, 이것 때문에 내가 절망하지 않아도 된다는 것을 알기 때문입니다. 우리 주님이 오실 때에야 공동체가 완벽해질 것을 알기 때문입니다.

공동체에서 리더나 임원으로 섬기고 나서 공동체를 떠나는 사람이 많습니다. 섬기는 동안 상처 받고 시험 들었다고 하지요. 그리스도인들에게 새로운 학명이 필요할 것 같습니다. '호모 상처투스.' 무슨 일만 조금 하면 상처를 받는답니다. 맞습니다. 상처 받는 게 이 땅의 삶입니다. 그러나 하나님 나라의 비전을 품게 되면, 상처 받아도 그것이 소망으로 연결됩니다. '이 땅이 불완전하니 내가 여기에 소망을 두고 살아서는 안 되겠구나, 여기서는 상처를 당할 수밖에 없구나, 견뎌내고 넘어가자.' 이렇게 강건한 그리스도인이 나오기 시작합니다. 이런 종말론적 시각을 갖지 못하면 늘 상처 받고 시험 들어서 겨우 겨우 힘들게 살아갑니다.

성경은 곳곳에서 이 기대감, 곧 소망이 우리에게 이 땅의 삶이 주는 고통, 그리스도인으로 살아가는 삶의 고난을 이길 수 있는 힘을 준다고 말합니다. 이런 기대감이 없는 그리스도인은 감히 하나님 나라 백성이라고 부를 수 없을 것입니다.

하나님 나라 백성의 삶

기억하십시오. 하나님 나라의 백성은 기뻐합니다. 내가 감히 하나님 나라에 들어갔다는 것에, 그 나라의 씨앗이 내게 뿌려졌다는 것에 기뻐합니다.

하나님 나라의 백성은 기도합니다. 그 나라가 지금도 왕성하게 성장하고 있기 때문에 내가 어떻게 참여할 것인지 고민하면서, 일하면서 기도합니다.

하나님 나라의 백성은 기대합니다. 완벽하게 이루어질 그 나라, 내가 들어갈 그 나라를 기대하며 불완전한 이 시대에서 참고 견딥니다.

여러분은 어떤 삶을 살겠습니까? 오노다 히로와 같은 삶을 살겠습니까? 전쟁은 이미 다 끝났는데 정글에서 치열하게 전쟁 시대를 살아가는 시대착오적인 인생을 살겠습니까? 아니면, 예수님이 선포하신 대로 하나님 나라가 임했다는 말씀을 받아들여 새로운 비전을 보고, 세상 사람들은 우리에게 시대착오적이라고 말할 테지만 이 땅에 굴복하지 않고 하나님 나라의 비전을 가지고 살겠습니까? 새로운 시대에 속해서, 새로운 비전을 품고, 하나님 나라 백성의 역사의식으로 살아가기를 간절히 소원합니다.

회개하여라

'회개.' 그리 듣기 좋은 말은 아닙니다. 어떤 사람들은 회개를 그리스도인의 삶의 표지라고도 말하지만, 많은 이들에게 회개란 죄인이 하는 것일 뿐 아니라, 일단 감정적으로 불쾌한 일입니다. 내가 무언가 잘못되었다는 것을 인정하는 일이기 때문입니다.

기독교를 비판하는 사람들은, 기독교가 사람들 속에 있는 불필요한 죄의식을 끄집어내어 사람들을 불편하고 불안하게 해서 어쩔 수 없이 하나님께 의지하게 만든다고 비아냥거리기도 합니다. 실제로 이렇게 죄의식을 중심으로 사역하는 사역자들이 있는 것이 사실입니다. 보통 '죄의식이 이끄는 교회'(Guilt-driven-church)라고 부릅니다. 설교를 듣다 보면 내가 죄인이고 내가 잘못하고 있고 내가 문제가 많다고 몰아붙여서 죄의식에 빠지게 만드는 방식으로 교회에 충성을 얻어내는, 비성경적이고 반복음적인 방법을 사용하는 사역자들이 있습니다. 이런 방식에 길들여져서인지 한국 교인들도 설교를 통해 혼이 나야 시원함을 느낍니다. 그렇잖아도 내 속에 죄의식이 있었는데 그걸 지적해서 몰아붙이니 한번 울고 나면 시원한 것입니다. 죄의식은 이런 복잡한 심리를 불러일으킵니다.

회개가 불편한 또 다른 이유는, 회개하고도 바뀌는 것이 없는데 자꾸 회개하기가 미안하기 때문입니다. 처음 한두 번은 진심으로 회개하지만 시간이 지나면, 늘 반복하는 잘못을 계속 회개하기가 괴로워집니다. 변하지도 않는데 계속 회개해서 무엇 하겠느냐는 생각이 듭니다. 그러나 이런 불편함은 성경이 가르치는 회개의 성격을 제대로 이해하지 못한 데서 오는 것입니다.

나를 불편하게 하는 회개

성경이 말하는 회개가 무엇인지를 말하기 전에, 먼저 회개에 대한 오해를 걷어내는 것이 필요합니다. 가장 큰 오해는 '회개에는 감정적인 반응이 있어야 한다'는 것입니다. 뭔가 눈물이라도 흘리고 엉엉 울어야 회개를 한 것 같다는 오해가 있습니다. 아마도 이제까지 교회 집회나 중고등부 수련회에서 경험한 회개에는 늘 눈물을 흘리고 소리 지르며 괴로워하는 일들이 동반되었기 때문일 것입니다. 수련회에 들어갈 때 아예 감정적 준비를 하고 들어가는 사람도 있습니다. '첫째 날은 약간 워밍업을 하고 둘째 날에 감정적으로 확 쏟아놓아야겠다.' 물론 수련회를 그렇게 기획하는 어리석은 분들도 있을 수 있습니다. 회개가 감정적 반응이라고 생각하기 때문입니다.

회개에 대한 또 다른 오해는 회개(repentance)와 후회(remorse)를 동일시하는 것입니다. 후회란, '아, 내가 왜 그랬을까? 난 왜 이렇게 바보 같을까? 똑같은 짓을 반복하고 있잖아. 난 정말 가치가 없어. 내가 왜 이러는지 모르겠어. 정말 그러고 싶지 않은데 또 그랬다니! 흑흑흑' 이렇게 가책을 느끼는 것을 말합니다. 회개에 후회라는 요소가 있는 것은 맞지만 회개와 후회가 동일한 것은 아닙니다. 후회는 자기가 잘못한 것을 자각하고 감정적으로 반응을 보이는 것뿐입니다. 후회가 회개로 들어가는 입구는 될 수 있을지언정, 참된 회개는 아닙니다.

회개는 완전한 변화를 뜻하는 것도 아닙니다. 회개는 한 번 일어나는 사건이 아닙니다. 그런데 많은 사람이 회개를 하면 완전히 새 사람이 되어서 다른 종류의 삶을 살 수 있다고, 또는 그렇게 살아야 한다고 오해합니다. 회개는 감정적 반응이 동반되어야 하는 것도, 후회하는 것도, 완전한 변화도 아닙니다. 그럼 회개는 무엇일까요?

회개는 방향을 바꾸는 것입니다. 자신이 걸어가던 방향을 바꾸는 것입니다. 회개를 이 정도로만 광범위하게 정의 내려놓고, 왜 회개해야 하는지 생각해 보도록 하겠습니다.

왜
회 개 해 야   하 는 가

많은 사람은 내가 죄를 지었기 때문에 회개해야 한다고 생각합니다. 세상 모든 사람이 죄를 짓습니다. 그러므로 그리스도인이 단지 죄를 지었기 때문에 회개를 해야 한다고 말하는 것은 충분하지 않습니다. 죄를 짓고 울면서 후회하는 것으로 그친다면 회개할 이유가 무엇이겠습니까?

그리스도인이 회개하는 이유는 **때가 찼고 하나님 나라가 가까이 왔기 때문**입니다. 하나님의 '그 때', 인간이 하나님을 만날 수 있고 하나님과 관계를 회복할 수 있는 그 때가 도달하였고, 예수 그리스도께서 이 땅에 오심으로 하나님 나라가 이 땅에 임하기 시작했기 때문에 이제 우리에게는 방향을 바꿀 곳이 생겼습니다. 옛날에는 아무리 회개하고 내 마음을 다잡아 봐야 갈 데가 없었습니다. 늘 그 자리를 맴돌 뿐이었지요. 그러나 이제 우리는 회개할 수 있는 근거가 생겼습니다.

이제 우리는 세상의 나라와 인간의 나라와 사탄의 나라를 향해 걸어가던 방향을 바꾸어 새로운 세계와 새로운 나를 향해 나아갈 수 있게 되었습니다. 예수님이 오셔서 세상을 좇지 않고 하나님을 좇아 살아가는 삶의 방식을 보여주셨을 뿐 아니라, 그 나라에 우리처럼 미천한 자들을 부르셔서 하나님을 감히 아버지라고 부르는 새로운 삶으로 초청해 들이셨기 때문입니다. 이것이 바로 회개가 가능한 이유입니다. 회개의 성격이 마가복음 1장 15절에 나타납니다.

> 이르시되 "때가 찼고 하나님의 나라가 가까이 왔으니 회개하고 복음을 믿으라" 하시더라.

예수님이 선포하신 이 핵심적 선언의 원문을 보면 두 개의 서술문과 두 개의 명령문으로 되어 있는 것을 알 수 있습니다. "때가 찼다." "하나님의 나라가 가까이 왔다." 이 두 문장은 서술문입니다. 그리고 아주 간결하게 두 명령문이 나옵니다. "회개하여라." "복음을 믿어라."

예수님의 말씀을 이렇게 간결하게 요약한 것은 회개의 급박성을 가르치기 위해서입니다. "때가 찼고 하나님 나라가 임했는데, 어떻게 하겠느냐? 어서 회개하여라!" 하고 촉구하십니다. 그뿐 아니라 "새로운 시대가 되었는데 언제까지 머뭇거리고 있을 테냐? 이제 결단해야 할 때다!" 하고 결단할 것을 호소하고 있습니다. 회개의 결단성입니다. 또한 회개는 세상을 향하던 방향을 하나님께로 돌이켜 바꾸는 구체성을 띱니다. 그래서 그리스도인의 건강한 회개는 늘 이 세 가지, **급박성, 결단성, 구체성**을 갖추고 있습니다.

마가복음, 회개의 책

마가복음은 참 신기한 책입니다. 마가복음은 마치 혁명 전사들이 하나님 나라가 임했다는 놀라운 소식을 전하기 위해 소책자로 만들어 항상 뒷주머니에 꽂고 다녔을 법한, 대단한 책입니다. 마가복음은 처음부터 끝까지 빠른 속도로 전개되는데 군더더기가 전혀 없고 과장된 것도 없습니다. 한번 잡으면 그냥 읽어 내릴 수 있는 책입니다. 마가복음에 비해서 마태복음은 찬찬히 읽으면서 들여다보고 생각해야 하는 책이지요. 가르침이 많이 나오기 때문입니다. 마태복음 5-7장에 나오는 산상수훈을 어떻게 한 번에 읽어 내릴 수 있겠어요? "마음이 가난한 자는……" 하면 마음이 가난하다는 것이 뭘까 깊이 생각해야 하지요. 마태복음은 생각을 많이 하게 만드는 책입니다. 그러나 마가복음은 빠르게 휙휙 지나갑니다. 이 마가복음을 새로운 시각으로 여러 번 읽으시기를 간곡히 권합니다.

이처럼 집약적인 마가복음에서 '회개'는 마가복음의 핵심구절인 1장 15절에서 두 명령어 중 하나로 쓰일 만큼 굉장히 중요한 단어입니다. 그런데 이상하게도 마가복음에는 이 단어가 세 번밖에 등장하지 않습니다. 그것도 예수님의 선언 이전인 1장 4절에서 세례 요한이 "죄 사함을 받게 하는 **회개**의 세례를 전파"했다고 할 때 한 번, 1장 15절에서 한 번, 그 후에는 6장 12절에 가서 딱 한 번 나옵니다. "제자들이 나가서 **회개하라** 전파하고." 그 이후로는 '회개'라는 단어가 전혀 나오지 않습니다. 우리가 알고 있는 회개의 개념대로라면, 눈물 흘리고 괴로워하며 소리 지르는 사람들의 얘기가 나와야 하는데 마가복음에서는 그런 모습도 잘 보이지 않습니다. 어찌된 일일까요? 마가가 핵심구절에서는 회개가 중요하다고 넣어놓고, 글을 쓰다 보니 회개라는 주제를 잊어버린 걸까요? 그럴 리는 없을 텐데요.

사실 마가복음은 책 전체가 회개를 말하고 있습니다. 마가복음의 중요한 주제는, 제자들에게 예수님을 따른다는 것이 무엇이며 그들이 믿는 예수님이 누구인가를 드러내는 것입니다. 마가복음이 기록될 당시 초대교회에는 예수님을 실제로 보고 직접 따르던 자들이 살아 있었고, 예수님에 대한 여러 이야기가 회자되고 있었습니다. 그런데도 초대교회 교인들은 여전히 예수님에 대해 혼란스러워하고 제대로 따라가지 못했습니다.

그래서 마가복음은 처음부터 끝까지, 예수님을 오해했던 제자들의 모습을 다루고 있습니다. 예수님에 대해서, 세상과 자기 자신과 하나님의 뜻에 대해서 전반적인 오해로 가득 차 있던 제자들이 예수님을 만남으로 말미암아 그 오해가 하나씩 정리되고 하나씩 바른 이해로 돌아서는 과정을 그리고 있습니다. 그래서 마가복음에는 제자들의 실패가 반복적으로 나오는 것입니다.

이것을 '방향'의 이야기로 바꿔보겠습니다. 예수님의 제자들은 그들 나름대로 가려는 방향이 있었습니다. 머릿속으로, 마음속으로 각자 생각하고 있던 그 방향들은 세상의 영향을 받아 형성된 것이었지요. 그런데 예수님을 만나면서 제자들은 자신이 가지고 있던 방향이 잘못되었음을 깨닫고 하나씩 방향을 바꾸기 시작했습니다. 바꾸고 또 바꾸어나가는 과정이 마가복음에 그려져 있습니다. 그런데 이들이 온전하게 바뀐 모습은 나와 있지 않습니다.

마가복음은 제자들이 완전히 회개했다는 내용을 무섭게도 생략하고 있습니다. 그러나 이 글을 읽는 초대교회 교인들은 다 알고 있었습니다. 초대교회를 이끌어가는 헌신되고, 사랑 깊으며, 신령한 지도자들이 바로 그 제자들이었으니까요. 마가복음에서 보는 제자들은 형편없는 오합지졸인데 그들이 회개하고 변화되어 저렇게 기둥과 같은 지도자가 된 것입니다.

 예수님을 정말로 믿고 진실하게 따르고 싶다면, 우리는 예수님이 어떤 분인지, 그분이 어떤 관심을 갖고 계셨고 어떤 인간관계를 원하셨으며 어떤 마음과 사명감을 지니고 계셨는지 알아야 합니다. 오늘날 많은 그리스도인이 예수님을 잘 모릅니다. 예수님을 모르니 어떻게 그분을 닮아가고 따라갈 수 있겠습니까? 그것이 바로 제자들의 상태였습니다. 그랬던 제자들이 어떻게 회개하고 방향을 바꾸어 나갔는지, 마가복음의 세 가지 중요한 본문을 통해 살펴보고자 합니다. 이 세 가지 회개의 영역은 우리 인생에서도 매우 중요한 영역으로, 우리가 예수님의 제자로 그분을 따라가는 데 지속적으로 도움이 될 것입니다.

첫 번째 회개
_ 관심사

 제자들의 첫 번째 회개는 바람직했습니다. 예수님을 만났을 때, 그물을 버려두고 따라 나섰습니다. 좀 과격하기로 유명한 세베대 집안의 아들들은 '아버지와 품꾼들까지 버려두고' 예수님을 좇았다고 합니다. 품꾼들을 두고 일한 걸로 보아 세베대 가문은 부유했던 것 같습니다. 아무튼 이들은 다 버려두고 예수님을 따랐습니다. 근본적인 회개를 한 것입니다. 그러나 그들의 내면은 여전히 세상을 향해 뻗어나가 있습니다. 이들의 내면이 바뀌기 시작하는 첫 장면이 마가복음 1장 35-39절에 나옵니다.

> 새벽 아직도 밝기 전에 예수께서 일어나 나가 한적한 곳으로 가사 거기서 기도하시더니 시몬과 및 그와 함께 있는 자들이 예수의 뒤를 따라가 만나서 이르되 모든 사람이 주를 찾나이다 이르시되 우리가 다른 가까운 마을들로 가자 거기서도 전도하리니 내가 이를 위하여 왔노라 하시고 이에 온 갈릴리에 다니시며 그들의 여러 회당에서 전도하시고 또 귀신들을 내쫓으시더라.

예수님의 부르심을 들었을 때 제자들은 예수님이 자신을 왜 부르시는지, 그 의미를 잘 몰랐습니다. 베드로와 안드레를 부르실 때 예수님이 "나를 따라오라. 내가 너희로 사람을 낚는 어부가 되게 하리라"(1:17)라고 말씀하신 것이 무슨 뜻인지 이해하지 못했습니다. '사람 낚는 어부라고?' 그러나 예수님에게는 특별한 매력과 카리스마가 있었던 것 같습니다. 서른 살 남짓한 청년이 동년배 청년에게 "나를 따라오너라"라고 말하자 그들이 다 버리고 따라가서 선생으로 모신 것을 생각하면, 예수님에겐 우리가 범접할 수 없는 뭔가가 있었던 것이 분명합니다.

이 예수님을 따를 때, 제자들은 어떤 생각을 했을까요? 복합적인 동기가 있었을 것입니다. '우리 민족과 이 나라가 망가져가고 있는데 혹시 이분이 우리가 기다리던 메시아가 아닐까? 이분이 세상을 변화시키실지 모른다!' 이런 생각과 함께 예수님이 지닌 매력에 끌리기도 했습니다. '참 멋있고 뭔가를 지닌 사람인 것 같다. 내용은 잘 모르지만, 내 평생 그냥 이렇게 보잘것없이 늙어갈지 모르는데, 혹시 이분을 따라다니면 어떻게든 출세할 수 있을 것 같다!' 특히 세베대의 아들들은 이런 생각을 많이 했을 것입니다. '이 사람을 따라다니면 앞으로 주류가 될 수 있을지 모른다.' 이렇게 다양한 속셈이 뒤섞인 채로 제자들은 예수님을 따라 나섰습니다. 그리고 예수님은 온갖 복합적인 생각을 하고 있는 그들을 그냥 데리고 가십니다. 참 감사한 일입니다. 우리도 마찬가지입니다. 정말 순수하게 '주님만 위하여' 주님을 좇아가는 사람은 하나도 없습니다. 우리는 다 딴 생각을 하지요.

　이렇게 제자들은 예수님을 따라다니기 시작했습니다. 1장 21-28절을 보면, 예수님이 가버나움 회당에 들어가서 가르치시고 악한 귀신을 내쫓으시자 사람들이 모두 놀랐습니다. "이게 어찌된 일이냐? 권위 있는 새로운 가르침이다. 어떻게 귀신도 순종하는가?" 예수님의 소문이 온 갈릴리 사방에 퍼졌습니다. 이스라엘 지도를 보면, 지중해 해안선에서 뾰족하게 나온 부분에 갈멜 산이 있습니다. 갈멜 산에서 오른쪽으로 조금 이동하면 갈릴리 바다라고도 부르는 갈릴리 호수가 있습니다. 갈릴리 호수 왼쪽 경계를 따라서 갈릴리 지방이 있고 아래쪽으로 요단강을 따라 내려가면 사해가 자리 잡고 있습니다. 사해 왼쪽에 예루살렘이 있습니다. 갈릴리는 예루살렘에서 한참 먼 촌구석이지만 꽤 넓은 지역입니다

　이 갈릴리 전 지역에 예수님이 알려졌습니다. 그러니 제자들은 얼마나 기분이 좋았겠습니까? 게다가 29-34절에서 예수님이 시몬의 집에 가셨을 때 열병에 걸려 있는 그 장모를 고쳐주셨습니다. 그러자 온 동네 사람들이 다 몰려왔고, 예수님은 그들도 다 고쳐주셨습니다. 그날 밤 잠자리에 들 때 제자들의 기분이 어땠을까요? '아, 예수님은 대단한 분이구나. 내가 이런 분을 따르고 있다니. 앞으로 무슨 일이 일어날까?' 가슴이 두근거려서 잠이나 제대로 잤을까요? 아마도 밤늦도록 서로 수군대다가 늦게 잔 모양입니다. 예수님이 새벽에 일어나서 나가셨는데 아무도 몰랐습니다. 한적한 곳에서 기도하고 계신 예수님에게 제자들이 와서 말합니다.

"모두 선생님을 찾고 있습니다."

이 말에 들어 있는 감격이 느껴지십니까? "아니, 선생님! 왜 이런 한적한 곳에 와 계세요? 지금 아주 난리가 났습니다. 이제 가버나움에서 완전히 떴어요!" 아마 이렇게 이야기하지 않았을까요? 제자들의 관심은 유명해지는 것이었습니다. 구질구질한 어부의 삶에서 벗어나 다른 이들이 알아주는, 의미 있는 삶을 살고 싶었을지 모릅니다.

가버나움은 갈릴리의 중심 도시입니다. 우리나라로 치면 서울 다음으로 큰 도시, 부산쯤 될까요? 예수님이 부산에서 대대적으로 떠서 경상도 전역에 알려진 것입니다. 그럼 그 다음에 제자들의 생각은 어디로 갈까요? 울릉도? 독도? 아니죠. 당연히 서울로 갈 생각을 할 것입니다. 그런데 예수님이 그들에게 하신 말씀은 "우리가 다른 가까운 마을들로 가자. 거기서도 선포하리니 내가 이를 위하여 왔노라"였습니다. 김빠지는 소리가 들립니다. 제자들의 김이 새는 소리입니다. 가버나움에서 한판승을 거뒀으니 더 큰 도시로 가야 하는데, 가버나움은 갈릴리에서 가장 큰 도시입니다. 예수님이 다른 가까운 촌락에 가자고 말씀하셨을 때 제자들은 방향이 잘못되었다고 생각했을 것입니다. '가버나움 다음에는 예루살렘으로 가야지, 왜 더 작은 마을로 가신다는 거야? 그건 완전히 거꾸로잖아.'

동상이몽에서 깨어나다

우리는 예수님을 믿으면서 세상적인 관심도 가지고 있습니다. 내가 좀 더 편안하고, 내가 좀 더 안전하고, 내가 좀 더 사랑받고, 내가 성공하고, 내가 정말 행복해지고 싶습니다. 예수님을 믿으면서 이런 기대를 품는 것은 당연하고 자연스럽습니다. 예수님이 이러한 내 필요들을 채워주실 것이라는 믿음도 부분적으로는 옳습니다. 그러나 주님이 나에게 이런 것을 해주실 것이라는 처음의 기대는 우리가 주님을 알아가면서 점차 바뀝니다. 예수님께는 나 개인의 필요를 채워주시는 것보다 더 중요한 관심사가 있다는 것을 알게 되기 때문입니다. 예수님은 내 마음을 위로하시고 나를 격려해 주시는 것을 넘어선, 더 큰 사명과 관심이 있으신 분이라는 것을 알아가기 시작합니다.

예수님을 처음 믿을 때 나에게 복을 주실 것이라는 관심을 가지고 예수님을 믿는 것은 좋은 일입니다. 그러나 놀랍게도, 많은 그리스도인이 죽을 때까지 거기서 벗어나지 못합니다. 내 마음의 평안과 기쁨, 축복, 내 자녀의 축복, 내 결혼생활, 내 직장과 커리어, 이번 일에서 나에게 무엇을 어떻게 해주실 거라는 기대에서 벗어나지 못한 채 초기 제자들의 모습에 머물러 있습니다. 이 제자들을 데리고 무슨 일을 할 수 있겠습니까? 오늘날 기독교가 허약해진 이유가 바로 여기에 있습니다. 한 번 회개하고 방향을 바꾸어 예수님을 따르긴 했습니다만, 예수님이 갖고 계신 주 관심사와는 전혀 관계없는 나만의 생각, 나만의 관심, 내 개인주의적인 욕망으로 계속 예수님을 좇기 때문입니다.

예수님의 주 관심사는 무엇일까요? 그분은 "때가 찼다. 하나님 나라가 가까이 왔다. 내가 이 놀라운 소식을 전해야 한다"고 말씀하셨습니다. 부조리하고 악한 세상 속에서 다른 사람의 죄로 인해, 세상의 죄로 인해, 자신의 죄로 인해 고통당하고 있는 잃어버린 사람들을 찾아 회복시키고 초청하여 하나님 나라로 들어오게 하는 것이 예수님의 주 관심사입니다.

지금도 예수님은 하나님 나라에 들어와 있는 우리에게는 그리 관심이 많지 않다고 말할 수 있습니다. 잃어버린 한 마리 양의 비유를 들을 때, 많은 그리스도인은 자기 자신이 그 잃어버린 한 마리 양이라고 생각합니다. '아, 밖에서 헤매고 있는 나를 주님이 애타게 찾으시는구나' 하며 감동받지요. 그러나 아니거든요. 그리스도인은 아흔아홉 마리 양 중 하나입니다. 이미 우리 안에 들어와 있는 양이지요. 예수님의 주 관심사는 우리가 아니라 바깥에 있는 사람들입니다. 하나님을 믿지 않는 비그리스도인들에게 하나님은 지대한 관심을 갖고 계십니다. 예수님이 누추한 인간의 몸을 입고 이 땅에 오셔서 살고 죽으신 이유는, 우리처럼 별 특별한 의미 없는 사람들을 부르셔서 당신의 자녀로 삼으시고 의미 있는 삶을 살게 하기 위해서입니다. 그것은 우리 몇 사람만이 아니라 세상 모든 사람을 위한 것입니다. 바로 이것이 그분의 주 관심사입니다.

그렇기 때문에 복음전도의 열정을 잃어버린 그리스도인은 가장 핵심을 놓쳐버린 것입니다. 어떻게 이 놀라운 복음의 소식을 전하지 않을 수 있습니까? 복음을 전한다는 것은 사람을 꼬드겨서 교회 가자고 얘기하는 것이 아닙니다. "너, 이미 끝난 세상에 속해 살다가 그 세상과 함께 완전히 끝나지 마라. 예수께서 오셔서 새로운 시대를 열었단다. 그 전에는 우리가 신에 대해서 알 길이 없지 않았냐. 암중모색할 수밖에 없지 않았냐. 예수께서 오셔서 하나님이 어떤 분인지 보여주셨다. 그뿐 아니라 우리가 하나님께 나아갈 수 있는 길을 여셨다. 하나님과 관계를 맺을 수 있고 그분과 함께 영원히 살 수 있는, 이런 세계가 왔는데 너는 지금 눈에 보이는 화려하고 멋있는 이 세상에서 살다가 이 세상과 함께 사멸해 버리고 말겠니? 여기에 소망이 있니? 이 소망 없는 세상을 살다가 그냥 가버릴 거야? 그럼 안 되잖아. 예수께서 가져오신 하나님 나라로 들어와. 같이 가자." 이것이 복음 선포입니다. 이 자랑스러운 일을 어떻게 안 할 수가 있나요? 단지 지나치게 심하게 하면 사람들이 미쳤다고 할까 봐 조심하는 것뿐이지요. 사실 우리는 다른 사람들이 못 보는 세상을 봤으니 미친 것이 맞습니다. 그러나 미치긴 미쳤어도 고상하게 해야겠지요.

예수님의 주 관심사는 잃어버린 자들입니다. 내 주 관심사는 무엇입니까? '나'입니다. 우리의 회개는 그런 나에 대한 관심에서 예수님의 관심으로 눈이 옮겨지는 것입니다. 예수님의 잃어버린 자들. 세상에서 고통당하는 사람, 가난한 사람, 소자, 약자……. 나 자신이 아니라 그들을 보게 되는 것, 이것이 회개입니다. 불행히도 교회와 그리스도인들은 여전히 강자에게 많은 관심을 갖고 있습니다. 교회에서도 약자의 목소리는 들리지 않습니다. 교회 바깥의 믿지 않는 사람들에게 관심이 없는 것은 물론이거니와 교회 내부의 약자들에게도 관심이 별로 없습니다. 늘 힘 있고 능력 있는 사람들에게만 온 관심을 기울입니다. 이것이 우리가 생각해 봐야 할 첫 번째 회개입니다.

두 번째 회개
_ 관 계

두 번째 영역은 인간관계입니다. 여기서 세베대의 아들들이 다시 나옵니다.

> 세베대의 아들 야고보와 요한이 주께 나아와 여짜오되 선생님이여 무엇이든지 우리가 구하는 바를 우리에게 하여 주시기를 원하옵나이다 이르시되 너희에게 무엇을 하여 주기를 원하느냐 여짜오되 주의 영광 중에서 우리를 하나는 주의 우편에, 하나는 좌편에 앉게 하여 주옵소서 예수께서 이르시되 너희는 너희가 구하는 것을 알지 못하는도다 내가 마시는 잔을 너희가 마실 수 있으며 내가 받는 세례를 너희가 받을 수 있느냐 그들이 말하되 할 수 있나이다 예수께서 이르시되 너희는 내가 마시는 잔을 마시며 내가 받는 세례를 받으려니와 내 좌우편에 앉는 것은 내가 줄 것이 아니라 누구를 위하여 준비되었든지 그들이 얻을 것이니라 열 제자가 듣고 야고보와 요한에 대하여 화를 내거늘 예수께서 불러다가 이르시되 이방인의 집권자들이 그들을 임의로 주관하고 그 고관들이 그들에게 권세를 부리는 줄을 너희가 알거니와 너희 중에는 그렇지 않을지니 너희 중에 누구든지 크고자 하는 자는 너희를 섬기는 자가 되고 너희 중에 누구든지 으뜸이 되고자 하는 자는 모든 사람의 종이 되어야 하리라 인자가

온 것은 섬김을 받으려 함이 아니라 도리어 섬기려 하고 자기 목숨을 많은 사람의 대속물로 주려 함이니라(마가복음 10장 35-45절).

인간관계는 세상살이에서 가장 중요한 것입니다. 직장인들에게 물어보아도 직장생활에서 가장 어려운 1순위가 인간관계입니다. 외국에서 사역하는 선교사들에게 물어보아도 문화 차이나 고국에 대한 향수보다 어려운 것이 인간관계라고 합니다. 기독교 공동체에서 신앙생활 하는 데 가장 어려운 것이 무엇이냐고 묻는다면 그 역시 분명 인간관계일 것입니다. 인간관계는 모든 사람의 삶 속에 깔려 있는 네트워크이자, 피할 수 없는 바탕화면 같은 것입니다. 그런데 이 인간관계가 우리에게 어려움을 안겨줍니다. 여기에는 두 가지 중요한 이유가 있는데, 우리가 인간관계를 통해 두 가지를 얻기 원하기 때문입니다. 긍정적으로는 얻고 싶어하는 것이고 부정적으로는 빼앗기거나 당하지 않기를 바라는 것이지요. 우리가 인간관계에서 원하는 것 두 가지가 무엇일까요?

첫째, 인정받고 싶습니다. 둘째, 내가 통제하고 싶습니다. 단순하게는 명예와 권력이라고 표현할 수 있습니다. 꽤 거창한가요? 명예욕, 권력욕 같은 것은 나와 관계없는, 머나먼 얘기인가요? 그렇지 않습니다. 명예와 권력은 인간 내부 깊숙이 자리한 아주 강력한 욕망입니다.

우선 명예는 내 이름값을 하는 것, 인정받는 것을 말합니다. 누구나 어디에 가든 인정받고 싶어합니다. "아무개 있잖아, 그 친구 어때?"라고 물었을 때 "아휴, 있긴 있지만 있으나마나야. 없는 게 낫지." 이런 평가를 듣고 싶은 사람이 있을까요?

둘째, 누구나 통제 당하는 것은 싫어합니다. 내가 자주적으로 움직이고 싶지, 다른 사람에게 조종당하거나 통제당하고 싶은 사람은 없습니다. 내 힘으로 살고 싶지만 내게 힘이 없으니까 별 수 없이 이런저런 상황과 조건에 따르는 것일 뿐, 할 수만 있다면 내가 자주적으로, 주도적으로 살 수 있는 위치로 올라가고 싶은 것이 인간의 기본적인 특징입니다.

길을 가다가 깜짝 놀랄 때가 있습니다. 제가 가장 싫어하는 표현인데, 사람들이 한참 싸우다가 "당신, 나한테 설교하는 거야?" 하고 버럭 화를 낼 때입니다. 설교하는 사람으로서 깜짝 놀라지 않을 수가 없지요. 사람들은 설교 듣는 것을 싫어합니다. 이래라 저래라 하지 말라는 것입니다. 그런데 저는 그걸 직업으로 삼고 있으니 얼마나 어려운지 모릅니다. 영어로도 똑같습니다. "Don't preach to me." 동서고금을 막론하고, 다른 사람이 나를 가르치고 통제하는 것은 참기 어려운 일인 모양입니다. 그래서 사람들은 인간관계를 맺으면서 자신의 잘나고 좋은 모습을 자꾸 보여줘서 인정받고 싶고, 인정받는 것을 통해 존경받고 싶고, 그렇게 힘을 좀 얻어서 내 마음대로 움직이고 내 마음대로 다른 사람을 부리고 싶어합니다.

세베대의 아들 야고보와 요한이 예수님께 요구한 것이 그것입니다. 예수님의 오른쪽과 왼쪽 자리는 눈에 띄는 자리, 명예로운 자리인 동시에 힘이 있는 자리입니다. "우리에게 명예와 권력, 두 가지를 주십시오"라고 청하고 있는 것입니다. "그것을 위해서라면 뭘 못하겠습니까. 당신이 마시는 잔이 뭔지 모르지만 그것도 마시겠습니다." 이것이 현대 그리스도인들의 모습입니다. 내가 예수님을 따름으로 말미암아 내 얼굴이 좀 빛나고 리더십도 발휘하게 되면 좋겠다, 명예와 권력은 누구나 간절히 원하는 것인데 예수님 믿어서 그것을 얻는다면 더 좋겠다, 자연스럽게 이런 생각을 하게 됩니다.

그에 대한 예수님의 대답은 "이방인의 집권자들이 그들을 임의로 주관하고 그 고관들이 그들에게 권세를 부리는 줄을 너희가 알지 못하느냐"였습니다. 주관한다는 것은 주인 노릇을 한다는 뜻이고 권세를 부린다는 것은 권위를 사용한다는 뜻인데, 헬라어로는 두 단어 모두 그 앞에 '카타'(*kata*)가 붙어 있습니다. 접두어 '카타'는 동사 앞에 붙어서 '마구', '거칠게'라는 뜻을 더해 줍니다. 어느 정도 권위와 권세는 필요합니다. 권세를 부리거나 권위를 사용하는 것 자체가 문제가 아니라, 사람이 자기를 위해서 권세를 함부로 부리는 것이 문제입니다. 그것이 세상 사람들의 특징입니다. 사람은 뼛속 깊은 곳에서부터 이런 본질적인 욕망이 있기 때문에 예수님을 따른다고 해도 힘이 있으면 자기 마음대로 권세를 사용하고 싶어하고 그것을 통해 명예를 얻고 힘도 더 얻게 되기를 간절히 원합니다.

그런데 예수님은 "너희 중에는 그렇지 않을지니"(43절 상)라고 말씀하십니다. 대단한 표현입니다. '너희'가 누군가요? 그 말씀을 듣고 있는 '너희'는 형편없는 제자들입니다! 그러나 여기에 함축되어 있는 뜻은 "하나님 나라의 백성인 너희는", "하나님 나라에 들어온 너희는", "하나님의 통치를 받는 너희는", "하나님을 아버지라고 부르는 너희는" 그렇지 않다는 것입니다. 세상 사람들과 같지 않을지니, 더 큰 자가 낮은 자를 섬겨야 한다고 말씀하십니다. " '너희'가 지도자가 된다면 너희가 갖고 있는 힘과 지혜와 경험과 모든 것을 동원해서 너희보다 낮은 자를 섬기는 것이 하나님 나라의 새로운 인간관계"라고 가르치시는 것입니다. 그래서 하나님 나라는 '업사이드 다운 킹덤'(Upside down Kingdom)입니다. 하나님 나라는 거꾸로 서 있습니다.

낮은 자를 섬기라

제가 속한 교회에서는 가장 헌신을 안 해도 되는 사람이 누구냐면, 교회에 놀러 와도 되고 헌금도 안 하는 분들로 '찾는이' 또는 '손님'이라고 부릅니다. 손님으로 있다가 교회에 헌금이라도 하려면 '가족'이 되어야 합니다. 가족이 되면 세미나도 듣고 자기의 자유를 약간 속박해야 합니다. 그리고 가족들을 섬기는 '가정교회 목자'들이 있습니다. 목자가 되면 자기 집을 오픈하여 사람들을 맞이하고 섬겨야 합니다. 목자들을 돌보는 '마을지기'들은 더 내려가고 더 섬기고 더 헌신해야 합니다. 그 다음에 '운영위원'이 되면 더 많이 섬겨야 하지요. 그래서 운영위원을 잘 안 하려고들 하더군요. 사실 교회의 리더가 된다는 것은 고생길에 들어선다는 뜻입니다. 운영위원 아래에는 제가 있습니다. 우리 교회에서는 제가 "왕종놈"입니다. 그리고 제 밑에 한 분 더 계시지요. 예수님입니다. 예수님은 모든 사람에게 생명을 주기 위해서 자기 생명을 바치셨습니다. 그래서 저는 죽기 직전까지 섬기면 됩니다. 운영위원은 까무러칠 정도로, 마을지기는 지쳐 나가떨어질 정도로, 목자는 사생활이 없을 정도로 헌신하는 것입니다. 거꾸로 된 피라미드 구조, 원래 하나님 나라가 그렇습니다.

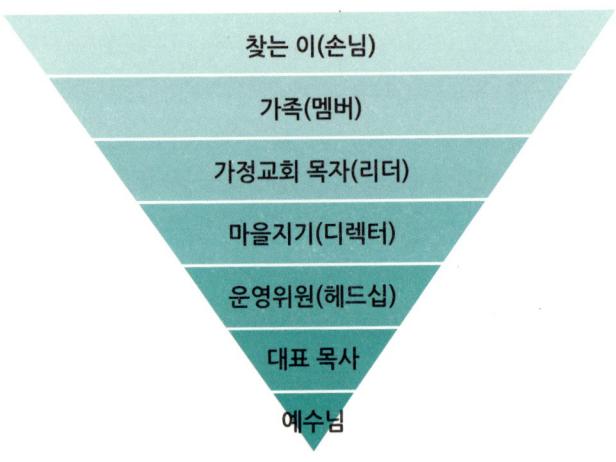

그런데 기독교 공동체, 특히 교회에서 '뒤집어진 피라미드'가 어느새 다시 뒤집어져서 목사가 '종님'이 되어버렸습니다. 우리말 어법상 맞지 않는 표현입니다. '종'은 '놈'이라고 불러야 하는데 "주님의 종님께서……"라니요. 종은 밑에서 섬기는 자입니다. 교회가 건강한지 보려면 그 교회 지도자들이 그들의 힘과 권위를 어떻게 사용하는지 보면 됩니다. 오늘날 교회가 세상 사람들에게 비전을 주지 못하고 도리어 손가락질 당하는 이유가 여기에 있습니다. 지도자들이 낮아져서 섬기는 이 놀라운 섬김이 교회에서 사라졌기 때문입니다.

우스운 이야기 하나 할까요? 한 장로님이 천국에 가셨답니다. 가서 보니까 자기 교회 서리집사가 예수님 우편에 앉아서 시중을 들면서 같이 식사를 하고 있더랍니다. 안수집사도 아닌 서리집사인데 말이죠. 장로님이 들어가자 베드로가 식탁 끝자리에 앉으라고 자리를 배정해 주었습니다. "아니, 베드로 사도. 뭔가 잘못 아신 거 같은데, 당신도 장로고 나도 장로인데 어떻게 나를 여기 앉힙니까? 같은 장로끼리 이래도 되는 겁니까?" 그러자 베드로가 이렇게 대답했습니다. "주님께서 높은 사람이 섬긴다고 하셨는데 당신은 땅에 있을 때 별로 섬기질 않았잖소? 저 서리집사는 밤낮 땀 뻘뻘 흘리면서 주차봉사 하고 고생 많이 하면서 섬겼으니까 예수님 옆자리에 앉은 겁니다." 생각해 보니 성경에 그런 구절이 있는 것 같기도 해서 장로님이 조용히 말석에 앉았습니다.

자, 이제 누가 등장할 차례인지 감을 잡으셨을 겁니다. 장로님이 가만 보니까 목사님이 안 보였습니다. 그래서 베드로 사도에게 물었습니다. "우리 목사님은 어디 가셨어요? 설마 안 오신 건 아니겠죠?"

"물론 왔지요."

"어디 계신가요? 안 보이는데." 그러자 베드로가 별일 아니라는 듯이 대답합니다.

"배달 갔어요."

목사님은 이 땅에서 너무 섬기지 않고 섬김을 받기만 했기 때문에 천국에 가서는 말석에 앉아 섬기는 정도가 아니라 배달을 다닌다는 것입니다. 저는 천국에 가서 배달 다니지 않으려고 이 땅에서 열심히 섬기고 있습니다.

리더는 낮아지는 것입니다. 자기 몸을 깎아서 내어주는 사람이고, 잠을 덜 자는 사람이고, 자신이 아닌 돌보는 사람들을 위해 물질을 쓰는 사람입니다. 리더가 된다는 것은 자기 몸을 깎아 먹는 것입니다. 예수님은 죽기까지 깎아 먹으셨습니다. 리더가 되고 싶다면 죽기 직전까지 주님께 헌신하십시오. 학위가 있어서, 훈련을 받아서, 나이가 충분히 들어서, 돈이 있어서, 사회적으로 성공해서 리더가 된다면, 그곳은 세상의 나라입니다. "너희 중에는 그렇지 않을지니." 오늘날 하나님의 공동체들이 세상의 공동체와 너무나 비슷해져버려서 누구도 하나님의 공동체를 보고 영감을 얻지 못합니다.

예수님이 두 번째 영역에 대해 여러분에게 말씀하시는 것을 잘 들으십시오. 섬기십시오. 이제 섬김을 받는 자세에서 섬기는 자세로 바꾸십시오. 어떤 모임에서든 어린 그리스도인은 누가 나를 섬겨줄까, 누가 나를 챙겨줄까 생각합니다. 아무도 나를 찾아오지 않는다고 외로워합니다. 옆에서 똑같이 혼자 외로워하는 사람에게 찾아가서 말 걸면 둘 다 안 외로울 텐데 이제나저제나 누가 나를 찾아줄까 기다리고 있습니다. 믿음이 어린 사람은 그래도 괜찮습니다. 그러나 리더가 되어서도 여전히 그러고 있다면 그는 리더가 아닙니다. 직책은 리더지만 주님이 보실 때는 리더가 아닌 것입니다.

섬김은 매우 강력합니다. 제가 미국에 갔을 때 뉴욕에서 한 여자분을 만났는데 자기가 그리스도인이 된 경위를 나누고 싶다고 해서 들었습니다. 이 분은 세계에서 손꼽히는 큰 로펌에서 일하는 전문변호사인데 하나님에 대해서는 전혀 몰랐다고 합니다.

어느 날, 이 분이 일처리를 크게 잘못해서 회사에 큰 손실을 초래하고 말았습니다. 파면당해도 할 말이 없을 정도였다고 합니다. 그런데 그의 직속상관이 그 일을 자기가 잘못한 것으로 처리하고 덮어버렸습니다. 워낙 큰 손해니까 그 상관에게도 약간 부담은 있지만 그 정도는 감당할 수 있는 수준이었다고 합니다. 남자인 직속상관은 그런 엄청난 일을 해주고서 별다른 이야기가 없었습니다. 그러자 이 여자 변호사가 굉장히 불편해졌습니다. '나랑 특별한 관계도 없는데 저 사람이 왜 내 잘못을 덮어쓰고 손해를 보는 거지?' 생각할수록 불편하고 불쾌해서, 직접 찾아가 물었습니다. "나한테 원하는 게 뭡니까? 도대체 뭘 원하길래 그런 손해를 보면서까지 내가 잘못한 것을 당신이 뒤집어쓰십니까?" 그러자 상관이 이렇게 답했습니다. "아, 그거 말입니까? 사실은 나도 그냥 한번 흉내 내본 것입니다. 나는 하나님을 믿는데, 하나님이 내가 잘못한 죄를 대신 뒤집어쓰셨거든요. 그래서 나도, 다른 사람이 잘못한 걸 내가 뒤집어쓸 수 있는 기회가 있다면, 그래서 그를 살릴 수 있다면 그렇게 한번 해봐야겠다는 생각을 늘 하고 있었어요. 당신은 일도 잘하고 성실한데 이번에 크게 실수한 것 아닙니까? 그런데 그냥 놔두면 당신이 파면당하기 때문에 내가 그것을 뒤집어쓰기로 결심했습니다. 이것은 내가 잘나서가 아니라 내가 믿는 하나님이 나를 위해서 그렇게 하셨기 때문입니다." 이 분이 깜짝 놀랐습니다. "당신이 믿는 하나님이 누구입니까? 어떤 하나님입니까?" 그래서 하나님을 믿게 되었다고 합니다.

그리스도인이 이 사회에서 섬김의 세계관을 가지고 살아갈 때 세상 사람들에게 영감을 불러일으키게 됩니다. 세상 사람들은 어떻게든 힘을 길러서 다른 사람을 조종하고 원하는 상황을 조작하려고 애쓰는데 그리스도인들은 자기를 내어주고 손해를 감수하는 것을 볼 때, 세상 사람들은 깜짝 놀랍니다. 어떻게 이것이 가능한가? 저 사람이 믿는 하나님이 누구인가? 묻게 됩니다.

우리가 그렇게 살 수 있는 것은 하나님 나라가 임하였고, 땅의 질서가 아닌 하나님의 질서와 가치로 살아가기 때문입니다. 그 때문에 우리의 자세가 바뀌는 것입니다. 이것이 바로 회개입니다. 나 중심적으로 관계를 맺던 방향에서 예수님 때문에, 하나님 나라 때문에 나보다 약한 자를 중심으로 관계를 맺는 방향으로 바뀌는 것입니다.

회개는 울고불고 슬퍼해서 바뀌는 것이 아니라, 정신을 차리고 주님께서 우릴 위해 무슨 일을 하셨는지 깊이 묵상하면서 내 중심성이 바뀌는 것입니다. 수없이 많은 수련회에 참석하고 수없이 많은 기도회에 가서 울었지만 변하지 않는 나를 발견하셨다면, 우리의 변화는 감정적 변화에서 오는 것이 아니라 생각의 변화에서 온다는 것을 기억하십시오. 그중에 중요한 것이 예수님에 대한 생각입니다. 예수님이 어떤 분인지에 대한 생각이 바뀌면 우리가 바뀌기 시작합니다.

세 번째 회개
나에게 예수님은 어떤 분인가

마지막 영역은 가장 핵심적인 영역입니다. 예수님이 나에게 어떤 분인가 하는 것입니다. 마가복음 맨 끝, 16장 8절을 보겠습니다.

> 여자들이 몹시 놀라 떨며 나와 무덤에서 도망하고 무서워하여 아무에게 아무 말도 하지 못하더라.

마가복음 16장은 예수님이 부활하신 후 여인들이 무덤에 갔다가 경험한 이야기를 1-8절에 기록하고 있습니다. 그리고 9-20절이 계속 이어집니다. 그런데 마가복음의 옛 사본들을 보면 16장 8절에서 끝나는 사본이 있는가 하면, 우리가 보고 있는 성경처럼 9-20절이 포함되어 끝나는 사본이 있고, 또는 9-20절을 짧게 요약해 놓고 끝나는 사본도 있습니다. 세 종류의 서로 다른 엔딩이 있는 것입니다. 그런데 저는 16장 8절에서 끝나는 것이 원래의 마가복음이라고 생각합니다. 그 뒷부분은 후대 사람들이 덧붙인 것입니다. 가장 오래된 사본들에는 16장 8절 이후가 없습니다. 9-20절 내용이 길든 짧든 붙어 있는 사본은 모두 그리 오래되지 않은 것들입니다. 저뿐 아니라 많은 학자가 마가복음 원본에는 16장 8절까지만 있었으리라고 거의 확신합니다.

그럼 8절 이후에 다른 내용이 덧붙게 된 이유는 무엇일까요? 8절을 보면 짐작할 수 있습니다. 여자들이 넋을 잃고 무서워서 아무에게도 아무 말도 못했다고 합니다. 책을 끝내는 마지막 문장이라고 하기엔 상당히 이상합니다. 그 뒤에 뭔가 갖다 붙일 만합니다. 사실 9-20절은 마태복음과 누가복음을 참고해서 요약한 내용입니다. 그러면 마가복음이 왜 이렇게 당황스러운 결론을 갖게 되었는지 궁금해집니다. 많은 사람이 그 이유를 추적했습니다. 책을 가지고 다니다가 끝이 떨어져 나가는 바람에 뒷부분을 잃어버렸다거나, 마가가 복음서를 기록하다가 8절까지 쓰고 죽었다거나, 여기까지 쓴 것이 마가복음 1편이고 마가복음 2편을 쓸 계획이었다는 등의 해석을 제시했습니다.

그러나 이 당황스러운 결론은 마가가 의도한 것입니다. 16장 8절까지의 끝부분은 마가복음 전체의 맥락과 맞아 떨어집니다. 마가복음 전체에서 제자들은 예수님을 이해하지 못했습니다. 예수님이 부활하신 16장 1-8절에서 제자들은 아예 등장하지도 않습니다. 여자인 막달라 마리아 한 사람만 나오지요. 제자들은 예수님이 부활하시고 난 직후까지도 예수님이 누구신지 제대로 알지 못했습니다. 이 마가복음은 반드시 기록할 당시 상황에서 읽어야 합니다. 예수님이 부활하셨는데 그 자리에 나타나지도 않은 제자들이 그 당대에는 교회의 기둥이 되어 있었고, 그중 일부(아마 베드로)는 이미 순교했습니다. 이제는 주님을 위해 살아가는 사람들이 되어 눈앞에 있는 것입니다. 마가복음이 얘기하려는 것은, 예수 그리스도의 부활을 경험하고 나서야 우리 사도들이 변화되어서 마가복음이 쓰일 당시의 교회를 이끌어가는 지도자가 되었다는 것입니다.

마가복음이 기록된 것은 예수님이 돌아가시고 부활하신 뒤 25-30년이 지난 시점이었습니다. 제자들이 왕성한 사역을 감당하고 있었고, 예수님이 부활하셨다는 소식을 담대하게 증거하고 있을 때입니다. 마가복음은 굉장히 강력한 문학적 방식을 통해서 우리에게 증거하고 있습니다. 제자들은 예수님이 부활하시고 나서야 때가 찼다는 것이 무엇을 의미하는지, 하나님 나라가 이미 임했다는 것이 무엇을 의미하는지 눈을 뜨기 시작했습니다. 그래서 그 이후 내용은 과감히 생략해 버려서 예수 그리스도의 부활이 이 모든 사건의 핵심임을 보여주려 의도한 것입니다. 마가복음을 읽는 사람들 역시 예수님의 부활을 모른다면 예수님이 누구신지 알 수 없고 예수님을 따른다는 것도 모호하다는 것을 마가복음은 강력하게 전달하고 있습니다.

여러분은 예수님의 부활을 진지하게 생각해 본 적이 있습니까? 마가복음뿐 아니라 마태, 누가, 요한의 복음서가 모두 예수님의 부활을 증거하고 있습니다. 그리고 서신서와 성경 전체가 예수님의 부활을 증거하고 가르칩니다. 그런데 정작 기독교인들은 부활에 대해 잘 모르기 때문에, 새로운 시대가 열리고 하나님 나라가 어떤 방식으로 전개되고 있는지 제대로 알지 못합니다. 예수님의 부활이 무너지면 우리 신앙도 무너집니다. 예수님의 부활이 무너지면 초대교회도 무너집니다. 예수님의 부활이 핵심입니다. 예수님의 부활을 참으로 경험하면, 우리는 더 이상 예수님을 존경하는 데 그치지 않고 예수님을 예배하게 됩니다. 그분이 이 땅에 오셨던 하나님임을 깨달을 때 단순히 우리의 존경과 애정을 받으실 분이 아니라 우리의 예배를 받으실 분임을 알게 됩니다.

저는 김구 선생이나 김교신 선생을 참 존경합니다. 만약 그 분들이 이 자리에 들어오신다면 저는 그 분들께 다가가서 머리를 조아리고 존경을 표할 것입니다. 그러나 예수님이 들어오신다면, 저는 그 앞에 무릎을 꿇을 것입니다. 그분이 허락하신다면 그분 발에 입을 맞출 것입니다. 예수님은 단순히 우리에게 존경받으실 분이 아닙니다. 그분은 우리의 예배를 받으실 분입니다. 그분은 하나님이십니다. 이것이 우리가 마지막으로 회개해야 할 영역입니다. 나에게 예수님은, 끊임없이 내 필요를 채워달라고 요구하는 대상이 아니라 늘 나의 예배를 받으시기에 합당하신 분이 되셔야 합니다. 이것이 예수님에 대한 우리의 세 번째 회개입니다.

그러므로
"회개하라"

예수님은 때가 찼고 하나님 나라가 가까이 왔으므로 "회개하라"고 말씀하십니다. 회개는 단순히 슬퍼하고 눈물 흘리는 것이 아닙니다. 스스로 돌아보아야 합니다. 나의 주 관심은 무엇인가? 나는 예수님의 관심을 가지고 살고 있는가? 나는 어떤 방식으로 인간관계를 맺고 있는가? 나에게 예수님은 누구이신가?

나에게는 어떤 회개가 필요합니까? 첫째, 나에게 꽂혀 있던 나의 주 관심이 예수님의 관심으로 바뀌는 회개입니다. 둘째, 세상 방식대로 맺었던 인간관계를 예수님의 방식으로 새롭게 맺는 회개입니다. 셋째, 참으로 매력적이고 존경할 만한 예수님이지만 단순히 그분을 존경하고 따르며 또는 뭔가를 얻어내려고 하는 태도가 아니라 그분을 예배하는 자로, 경배하는 자로 돌이키는 회개입니다.

회개는 예수님에 대한 오해가 풀려져 나가고, 예수님에 대한 이해가 깊어져가는 과정입니다. 그러므로 회개는 우리 일생 가운데서 지속적으로 일어나는 것입니다. 그뿐만 아니라 나 자신에 대해서도 회개가 일어납니다. 나 자신이 꽤 괜찮은 줄 알았는데 신앙생활을 할수록 내 속의 깊은 세속성과 주님을 가까이하기 싫어하는 마음, 죄성이 있다는 것을 발견하기 때문입니다. 그래서 우리는 이것을 회개합니다. 또한 내 삶의 방식을 회개합니다. 내가 살아가는 방식은 철저하게 세상 방식에 영향을 받고 있습니다. 이 세상 방식에 거의 물들어 있습니다. 그러나 이제 예수를 알아가고 나 자신을 알아가며 하나님 나라를 꿈꾸면서 삶의 방식들을 고쳐나가기 시작하는 것입니다.

회개는 수련회 때만 하는 것이 아닙니다. 특별한 날을 정해서 하는 것이 아닙니다. 성경을 읽고 기도하고 생활해 나가면서 삶의 현실에서 끊임없이 방향을 바꾸는 것, 세상을 향해 있던 내 실존이 끊임없이 방향을 바꾸는 것이 회개입니다. 그러므로 이러한 회개는 예수님을 따르는 자들의 트레이드마크가 됩니다. 이제는 형제자매들이 모일 때마다 '나는 요즘 이런 면이 바뀌고 있어', '내가 이 부분에서 새로운 생각이 들기 시작했어' 하는 간증이 많아지기를 간절히 소원합니다.

복음을

저에게는 세 아이가 있습니다. 첫째는 지원이, 둘째는 지인이, 막내는 지안이입니다. 두 아이는 제 아내가 배 아파 낳았고, 막내는 가슴 아파 낳은 아이입니다. 지안이는 태어난 지 14개월 되었을 때 저희 집에 처음 왔습니다. 당시 지원이와 지인이는 각각 다섯 살, 세 살로 아직 어린 나이였지만 그전부터 언젠가 동생이 올 것을 알고 있었고, 그래서 이 땅 어딘가에 살고 있을 동생을 위해서 오랫동안 기도해 왔습니다.

지안이가 처음 왔을 때, 제 침대에 앉아서 울던 모습을 저는 잊지 못합니다. 너무나 슬프게 오랫동안 울었습니다. 태어나자마자 생모에게 이별을 당하고 오랫동안 기관에서 자라다가 위탁 부모에게 옮겨져 정이 들 만하니까 또 새로운 집에 온 것입니다. 14개월이면 어리다고 생각할지 모르지만 이 아이 속에 있는 불안과 슬픔은 상당히 컸습니다. 어린아이가 그렇게 슬픈 소리로 울 수 있다는 것이 몹시 가슴 아팠습니다. 지금도 그 울음소리가 기억납니다.

그 때 세 살이던 둘째 지인이한테는 가장 소중한 보물이 있었습니다. 바로 아주 촌스러운 분홍색 수건이불입니다. 지인이는 태어나 철들면서부터 이 분홍색 이불과 함께 살았습니다. 항상 끌고 다니고 잘 때도 끼고 잡니다. 이제는 거의 너덜너덜해지고 색깔도 바랬지만 여전히 지금도 '지인이 이불'입니다. 그런데 지인이가 우는 동생을 어떻게든 위로하고 싶었던 모양입니다. 지안이가 침대 위에서 서럽게 울고 있을 때, 지인이가 지안이한테 다가갔습니다. 지인이 손에는 가장 아끼는 '지인이 이불'이 들려 있었지요. 잘 갠 것도 아니고 세 살짜리 아이답게 뭉쳐서 가져온 이불을, 지안이한테 줬습니다. 지인이에게는 생명과도 같은 이불을요. 저는 그 모습을 보고 깊은 감동을 받았습니다. 지인이가 힘들 때나 불안할 때마다 꼭 껴안고 자는 그 이불을, 그날 처음 만난 울고 있는 동생에게 준 것입니다. 너무나 감동스러운 장면이었지요. 그런데 그 다음 순간, 지안이는 그것을 받아서 집어던져버렸습니다. 그게 무슨 소용이 있냐는 거죠. 그리고 또다시 넋을 놓고 울기 시작했습니다. 그 순간 제가 본 지인이의 얼굴 표정은 잊어버릴 수도 없고 흉내 낼 수도 없습니다. 자기에게 가장 소중한 것을 주었는데, 지안이는 집어던져버린 것입니다.

가장 소중한 선물이 거절당하는 모습을 보면서 하나님이 떠올랐습니다. 하나님은 당신에게 가장 소중한 것을 우리에게 주셨습니다. 바로 복음입니다. 복음은 하나님이 인간에게 주신 최고의 선물입니다. 때가 찼고, 하나님 나라가 가까이 왔으니, 회개하여라. 그리고 이제 클라이맥스로 들어갑니다. "복음을 믿어라."

복음의
시작

복음이란 무엇입니까? 마가복음에서 복음은 무엇입니까? 마가복음은 이렇게 시작합니다.

> 하나님의 아들 예수 그리스도의 복음의 시작이라(1장 1절).

복음서 가운데 이렇게 복음을 맨 앞에 끄집어낸 책은 마가복음뿐입니다. 실제로 '복음'이라는 단어는 신약 전체에서 76회 사용되었는데 누가와 요한은 한 번도 사용하지 않았고 마태는 4번 사용했습니다. 그런데 마가는 네 복음서 중 가장 짧은 책인데도 8번이나 사용했습니다. 마태복음이나 누가복음, 요한복음이 복음을 얘기하지 않는다는 뜻은 아닙니다. 모두 복음을 이야기하고 있지만 마가복음은 특별히 복음을 소개하면서 시작하고 복음을 설명하면서 전체가 흘러간다고 해도 과언이 아닌 복음서라는 뜻입니다. 특히 우리가 살펴보는 본문 1장 14-15절을 다시 보면,

> 요한이 잡힌 후 예수께서 갈릴리에 오셔서 하나님의 **복음**을 전파하여 이르시되 때가 찼고 하나님의 나라가 가까이 왔으니 회개하고 **복음**을 믿으라 하시더라.

이렇게 '복음'이 연속해서 나옵니다. 8장 35절과 10장 29절에서는 예수님이 "나와 **복음**을 위하여"라는 표현을 쓰십니다. 13장 10절, 14장 9절, 16장 15절에는 "복음이 전파되다", "복음을 전파하다"라는 표현이 나옵니다. 그런데 마가복음 전체에서 '복음은 무엇이다'라는 정의는 나오지 않습니다. 단지 1장 1절에서 "예수 그리스도의 복음의 시작이다"라고 선언하고 난 뒤로 중간 중간 복음이 언급될 뿐입니다. 그것은 마가복음 전체가 그리스도이신 예수님이 가져오신 복음을 설명하고 있기 때문입니다.

우리가 익숙하게 사용하는 '예수 그리스도'에서 '그리스도'는 기름 부음 받은 자, 구원자를 뜻하는 히브리어 '메시아'의 헬라어 번역입니다. '예수 그리스도'라고 하면 '예수는 나의 구원자시다'라는 뜻입니다. 그런데 개인주의화된 한국 기독교에서는 이 의미가 종종 오해를 불러일으키는 것 같습니다. 예수 그리스도라는 뜻 자체가 새 시대를 여신 분, 새롭고 영광스러운 시대를 도래케 하시는 분이라는 뜻인데도 '그리스도'의 의미를 축소시켜 예수님을 그냥 개인의 구세주로만 받아들이는 경우가 많습니다. 그래서 저는 가끔 예수 그리스도라는 말 대신 예수 메시아라는 말을 씁니다. '메시아'라는 표현을 쓰면 예수님이 나의 개인적 구세주보다는 나라와 열방을 새롭게 하시는 분, 주의 날에 오셔서 세상을 새롭게 하시는 분으로 여겨집니다. 마가복음 1장 1절은 "예수 그리스도, 즉 메시아이신 예수께서 가져오신 복음의 시작이다"라고 선언합니다. 14절에서는 '하나님의 복음'이라고 말합니다. 다시 말해 이 복음은 하나님이 가져오신, 하나님께 속한, 하나님이 우리에게 주신, 그 근원이 하나님께 있는 복음이라는 것입니다.

마가복음은 메시아 예수의 가르침을 통해, 그분의 행함을 통해, 그분의 삶과 죽음, 부활을 통해 복음을 설명합니다. 복음이 오기 전 이 세상은 깨어진 세상이었습니다. 이스라엘 백성은 점점 절망의 나락으로 빠져들고 있었고, 세상 그 누구도 하나님을 알 수 있는 길이 없었습니다. 정의의 근원이신 하나님이 없기 때문에 약육강식의 논리가 지배했고 온 세상이 하나님을 배반했습니다. 종교는 가진 자들 편에 서서 약한 자들을 억압하기 위해 새로운 전통을 만들어냈습니다. 이런 세상 속에 오신 예수님은 사람을 억압하는 종교적 전통과 싸우시고 그것에 대항하십니다. 온갖 질병과 아픔, 고통과 약함을 경험하는 사람들, 선을 알아도 선을 따를 수 없는 사람들에게 하나님이 가져오신 선물이 바로 복음입니다.

예수님이 가져오신 복음은 하나님 나라에 대한 이야기입니다. 우리 같은 평범한 보통 사람들이 감히 꿈도 못 꿀 하나님 나라에 어떻게 들어가고 환영받는지, 이 시대 속에 살고 있는 우리가 어떻게 이미 임한 하나님 나라의 백성으로 살아가고 하나님의 다스림을 드러낼 수 있는지 알려주는 이야기가 복음입니다.

복음,
선한 소식

오늘날 한국의 많은 사람에게 복음은 매우 개인주의적입니다. 복음을 흔히 '기쁜 소식'이라고 번역하지만, 사실 복음이 모든 사람에게 기쁜 소식은 아닙니다. 영어로 'Good News'인 '복음'(福音)의 정확한 뜻은 기쁜 소식이 아니라 좋은 소식, 선한 소식입니다. 그런데 우리말로 '기쁜 소식'이라고 번역하자 예수님에 대한 소식이 나를 기쁘게 해주는 것이라고 잘못 생각하게 되었습니다.

더군다나 한국 기독교는 현대 문화의 영향을 받으면서 엔터테인먼트가 강해졌습니다. 예배를 드려도 내가 얼마나 감동을 받았나, 내가 얼마나 기쁘고 재미있었나가 은혜받는 척도가 되어버렸습니다. 그래서 요즘은 웃기고 재밌는 얘기를 잘 하는 설교가들이 인기가 좋습니다. 설교는 성경이 뭐라고 가르치는지를 잘 설명해서 청중이 제대로 이해하고 반응할 수 있도록 도와주는 것이지 청중을 재밌게 해주고 감동받게 하는 것이 아닙니다.

복음은 '선한 소식'입니다. 누군가에겐 좋은 소식이지만 다른 누군가에겐 나쁜 소식이 될 수 있습니다. 때가 찼고 하나님 나라가 도래했다는 이 놀라운 소식이 어떤 사람에겐 기쁘고 좋은 소식이지만, 이 사실을 동의하지 않고 관심도 없는 사람에게는 좋은 소식이 아닙니다.

우리가 살고 있는 세상이 깨어지고 위험하고 부조리하다는 것을 알지 못하는 사람들, 알아도 심각하게 생각하지 않는 사람들, 열심히 살다 보면 행복하게 살 수 있을 거라는 순진한 생각을 가진 사람들에게는 예수가 오셔서 하나님의 다스림을 선포하시고 그로써 새로운 시대와 하나님 나라를 시작하셨다는 이야기가 별 의미가 없습니다. 나는 어차피 이 세상에서 살 것이고 머릿속에 있는 하나님 나라는 개념일 뿐이라고 생각한다면, 믿기가 힘들 것입니다. 그러나 우리가 살고 있는 세상이 얼마나 부조리하고 얼마나 깨져 있으며 얼마나 망가져 있는지 분명히 보시기 바랍니다.

당장 나에게 고통이 임하지 않는 한 우리는 현실을 보지 않으려 합니다. 그러나 지금도 이 세상 다른 곳에서는 자기 방어력이 전혀 없는 어린아이들이 단지 마실 물과 먹을 음식이 없어서 5초마다 한 명씩 죽어가고 있는 것이 현실입니다. 지금 북한에 기근이 심각한 데다 특히나 남북한의 관계가 경색되어서 북한의 아이들이 또 많이 죽을 것입니다. 남한에서는 음식 쓰레기가 넘쳐납니다. 남한에서 버려지는 음식들만 잘 모아서 쓰레기가 되지 않게 변형할 수 있다면 그것으로 북한에 있는 모든 사람을 먹여 살리고도 남습니다. 그런데 우리는 내 배가 부르니 내 이웃들이 굶어죽는 것은 잊어버리고 살아갑니다.

월드컵이 열릴 때마다 닭들이 멸절 위기에 처합니다. 경기가 있는 날은 동네 치킨집이 엄청나게 바빠집니다. 언제부터 우리가 닭을 그렇게 많이 먹게 되었을까요? 닭은 귀한 손님이 오면 잡아 대접하는, 어쩌다 한 번씩 먹는 잔치 음식이었습니다. 우리가 언제부터

돼지고기, 소고기, 닭고기를 이렇게 자주 먹게 되었습니까? 우리 입에 넣기 위해 소, 돼지, 닭을 대량생산하면서 이 동물들이 미쳐버리는 지경까지 이르렀습니다. 대량생산을 위해서 곡물을 만들어내는데, 세계에서 생산되는 콩의 90퍼센트를 동물이 먹습니다. 전 세계에서 생산한 곡식의 3분의 1을 동물이 먹습니다. 이렇게 길러낸 동물들을 누가 먹습니까? 부자나라에 사는 우리가 잡아먹습니다. 한쪽에서는 5초마다 어린아이가 죽어가고 있는데, 우리는 고기가 없으면 밥맛이 없다고 투정합니다. 이것이 우리가 살고 있는 세상입니다. 그런데도 세상이 살 만한 곳이라고요? 우리는 아무리 힘들다고 해도 한반도에, 그것도 북쪽이 아닌 남쪽에 태어났다는 이유로 말입니까?

결국 하나님이 역사에 개입하실 수밖에 없었습니다. 하나님을 떠난 세상은 이 모양으로 역사가 지속되기 때문입니다. 약자들이 죽어나가도 강자들은 물질과 풍요를 독식합니다. 사람들이 굶어죽는 판국인데 영혼이며 내세며 하나님 나라가 다 무슨 소리입니까? 인간이 근본적으로 생의 의미를 생각해 보지도 못하게 인간의 기본권 자체를 말살시키는 세상인데요! 그런 세상을 하나님은 내버려두실 수 없었기 때문에 예수님이 이 땅에 오셨습니다.

하나님 나라에 대한 예수님의 선포가 없었다면, 우리는 그냥 세상을 좇아 살아갈 수밖에 없었을 것입니다. 세상 원리를 따라 산다는 것은 내 이웃, 내 동료가 죽어나가도 내 책임이 아니며, 나는 운이 좋아서 행복하게 잘 살고 있으니 다행이고, 경제적으로 조금 어렵긴 하지만 나는 먹고 살 수 있으니 남까지 신경 쓰고 싶지는 않다고 편하게 생각해버리는 것입니다. 하나님의 심판이 거기에 임하고 있습니다. 하나님은 전 세계를 바라보고 계십니다. 전 세계의 모든 인간을 바라보고 계십니다.

복음은, 끔찍한 세상의 현실을 직시하는 사람에게는 좋은 소식입니다. 그에게는 하나님이 세상을 회복하기 시작하셨다는 소식, 이 땅의 슬픔과 고통을 언젠가 종식시키신다는 소식, 그 나라에 나를 불러주신다는 반가운 소식입니다. 그러나 세상의 고통에 무관심하고 무책임한 사람, 세상의 논리를 따라 강자가 되어서 약자를 억압하며 살아가는 사람에게는 때가 찼고 하나님 나라가 가까이 왔는데 회개하지 않으면 심판을 받으리라는 복음이 기쁜 소식일 수 없습니다. 굶어 죽어가는 사람에게 먹여야 할 곡식을 동물에게 먹여 기름지게 살진 동물을 배가 터지도록 먹으면서도 아무런 죄책감을 못 느끼는 이들을, 하나님이 어떻게 심판하지 않으시겠습니까? 내 자식들이 하나는 굶어죽어 가는데 하나는 배가 터지도록 먹어대고 있다면 어떻게 해야겠습니까?

하나님 나라의 복음은 좋은 소식입니다. 깨진 세상을 보면서 안타까워하고 있는 사람에게, 그리고 그 깨진 세상에서 희생자가 된 사람에게 복음은 기쁜 소식입니다. 그러나 세상 논리에 따라서 성공하기 원하고 자기 혼자 잘 살기 원하고 이웃과 세상에는 무관심한 자들에게 복음은 심판의 메시지입니다.

예수가
복음이다

마가복음 8장 35절과 10장 29절에서 예수님은 "나와 복음을 위하여"라고 말씀하시면서 예수님 자신과 복음을 동격에 놓으십니다. 복음이 곧 예수님 자신이라는 것입니다. 복음의 놀라움이 여기에 있습니다.

1장 1절에서 마가가 기록한 "예수 그리스도의 복음의 시작이라"라는 표현은 당대에 매우 정치적인 표현이었습니다. 예수님 시대의 비문이 하나 발견되었는데, 로마의 아우구스투스 황제에 대한 내용으로 다음과 같이 써 있습니다.

> "아우구스투스 신의 탄신일은 세상을 위한 복음의 시작이다."

'복음의 시작'이라는 똑같은 표현이 사용되었습니다. 당시에는 로마 황제를 신으로 여겼습니다. 황제의 출현이 복음의 시작이라는 것입니다. 황제가 의미하는 것은 힘과 권력과 재력입니다.

이 세상은 황제가 지배하는 것 같습니다. 지금 전 세계는 미국이 지배하고 있습니다. 곧 있으면 중국이 따라잡을 것입니다. 미국과 중국의 격차가 점점 줄어들고 있습니다. 그 가운데 한국은 또다시 강대국들의 격전지가 되어가고 있으니 슬픈 일입니다. 그렇게 세상은 황제의 복음이 지배하는 것 같습니다. 황제의 복음이란, 황제를 따르면 행복을 얻을 수 있다는 것입니다. 우리는 여기에 속아 넘어갑니다. 미국을 의지하면 안전할 것 같지만, 이제 중국이 더 강해지면 우리는 중국을 의지해야 할까요? 황제의 복음이 행복과 안전을 줄 수 있다는 이야기를 우리는 끊임없이 듣고 있습니다. 돈을 많이 벌어라, 돈이 곧 힘이다, 너는 아직 누릴 게 굉장히 많다, 아직 부족하다, 아직도 배가 고프다, 더 많이 가져야 더 많이 누릴 수 있다……. 끊임없이 황제의 복음이 들려오는 이 세상에, 예수님이 '예수 그리스도의 복음'을 가져오셨습니다.

예수님은 우리를 황제의 복음과 다른 종류의 삶을 살도록, 이 시대의 비전과 야망을 따르지 않고 하나님 나라의 비전과 가치관을 따르도록 부르십니다. 그래서 예수 그리스도가 우리에게 복음입니다. 예수 그리스도가 계시지 않으면 우리는 이 세상에 속하여 그 속에서 질식된 채 살아갈 수밖에 없습니다. 우리 가운데 극히 일부만 성공한 자로 뽑혀가고 나머지는 모두 그저 그런 불행한 인생으로 남을 수밖에 없을 것입니다. 그런 우리를 주께서 부르셨습니다.

예수가 우리에게 복음인 첫 번째 이유
_ 하나님 나라에 들어가게 하신다

우리는 하나님 나라에 들어갈 자격이 없는 사람입니다. 세상 속에 묻혀서 세상 방식을 따라 살아가다가 세상과 함께 망할 수밖에 없는 우리를, 하나님은 내버려두지 않으시고 당신의 나라에 들어갈 수 있게 하셨습니다. 이것이 어떻게 가능해졌습니까? 마가복음에 따르면, 예수님이 죽으시고 부활하심으로 가능했습니다.

예수님이 갈릴리 사역을 마치시고 빌립보 지역에 가서서 제자들에게 '내가 누구냐'라고 물으십니다. 그 때 베드로가 위대한 고백을 하지요. "주는 그리스도이시며, 살아 계신 하나님의 아들이십니다." 그러자 예수님이 이제 죽으실 것과 부활하실 것을 말씀하십니다. 베드로가 깜짝 놀라서 안 된다고 했다가 예수님께 상당히 상처받을 법한 말을 듣습니다. "사탄아 물러가라"라니요. 아마도 베드로는 내적 치유가 필요한 상태가 되었을 겁니다. 예수님은 그렇게 처음으로 자신의 죽으심과 부활을 예언하셨습니다. 그런데 얼마 지나지 않아 한 번 더 '내가 죽고 부활할 것'이라고 얘기하십니다. 이 때 제자들은 무서워서 묻지 못했다고 합니다. 그리고 한 번 더 말씀하십니다. 죽으심과 부활을 세 번 예고하신 것은 마태, 마가, 누가의 복음서에 동일하게 나타납니다.

그런데 예수님이 왜 죽으시는지는 설명하지 않습니다. 사복음서, 특히 공관복음에서는 예수님이 죽으시는 이유가 잘 나타나지 않습니다. 마가복음 한 군데에서 나타나는데, 저는 그것이 마가복음의 핵심 본문 가운데 하나라고 생각합니다. 10장 45절입니다.

> 인자가 온 것은 섬김을 받으려 함이 아니라 도리어 섬기려 하고 자기 목숨을 많은 사람의 대속물로 주려 함이니라.

마가복음 8장 31절, 9장 30-32절, 10장 32-34절에서 예수님은 죽고 부활하실 것이라는 예고를 제자들에게 전하십니다. 그러나 제자들은 메시아가 죽는다는 것을 상상할 수 없었습니다. 이스라엘을 회복하실 메시아, 능력 있으신 우리 선생님이 왜 그런 말씀을 하시는지 도무지 이해할 수 없었습니다. 설마 무슨 상징이겠지, 정말 죽으신다는 건 아니겠지, 이렇게 생각할 뿐 아무도 믿지 않았습니다. 제자들이 믿지 않았다는 것을 보여주는 장면이 바로 예수님이 세 번째 예고하신 후 야고보와 요한이 찾아와서 예수님의 오른쪽, 왼쪽에 앉혀달라고 청한 장면입니다. 예수님은 지금 죽으러 간다고 말씀하시는데 야고보와 요한은 따로 청탁을 하고, 그 얘기를 들은 제자들은 화를 내며 다투기 시작합니다. 예수님은 죽음을 준비하고 예루살렘으로 가고 계신데 제자들은 전혀 관심이 없는 것입니다.

10장 32-34절에서 예수님이 세 번째 예고하시고 35절부터 제자들끼리 누가 높냐 논쟁하는 장면이 펼쳐지다가 예수님이 높은 자가 낮은 자를 섬겨야 한다고 하시면서 마지막으로 45절을 말씀하십니다. 그 후에 여리고 성을 통과해서 예루살렘으로 올라가십니다. 그러니까 예루살렘에 올라가기 전 마지막으로 하신 말씀이 바로 10장 45절인 것입니다. 이제 죽으러 올라가시면서 마지막 결론으로 당신이 죽는 이유를 설명하고 계십니다. 자기 목숨을 많은 사람의 대속물로, 즉 몸값으로 주려고 오셨다는 것입니다. 유괴당한 아이가 풀려나려면 지불해야 하는 몸값, 영어로 'ransom'이라고 하는 대속물이란 사람을 살리기 위해 그 대가로 지불하는 몸값을 말합니다.

"자기 목숨을 대속물로 주려 함이니라"

우리는 어떤 존재입니까? 때때로 저는, 저 자신이 정말 혐오스럽습니다. 북한의 형제들이 굶고 있다는 걸 알면서도, 저는 음식이 정말 맛있습니다. 소식(小食)을 하려고 애쓰는데 먹다 보면 자꾸 잊어버립니다. 어린아이들이 5초에 한 명씩 죽는 것도 다 잊어버립니다. 세상에 속해 살고 있는 것입니다. 그러다 정신 차리고 돌아와 회개하지만, 우리 대부분은 세상에 팔려 살아가는 종과 같은 존재입니다. 많은 사람이 세상의 종입니다. 종이기 때문에 세상을 거슬러 올라갈 수도 없습니다. 꼼짝할 힘이 없습니다. 우리는 세상의 포로처럼 잡혀가 있습니다. 그런 우리를 살리기 위해 예수님이 우리 몸값을 지불하신 것입니다. 우리 몸값은 몇 천만 원, 몇 억 원이 아니라 예수 그리스도 자신이셨습니다. 인간이 하나님을 배반한 대가는 돈으로 환산할 수 없는, 하나님에 대한 모욕이며 반역이기 때문입니다. 하나님께 반역한 인간의 죄는 돈 몇 푼으로 갚을 수 있는 것이 아닙니다.

뇌경색과 심근경색은 비슷하면서도 좀 다릅니다. 뇌경색이 오면 반신불수가 됩니다. 빨리 병원에 가서 수술로 막힌 부분을 뚫어주면 반신불수를 모면할 수 있지만 때를 놓치면 반신불수가 되고 맙니다. 그러나 심근경색이 오면 그 자리에서 심장이 멈춰 죽습니다. 어떤 면에서는 뇌보다 심장이 더 중요합니다. 심장은 멈추면 끝나니까요.

하나님과 인간의 관계 역시 인간에게 심장이 지닌 본질과 같습니다. 그런데 이 관계가 깨어진 우리를 살리기 위해 하나님이 택하신 방법은, 당신의 심장을 우리 죽은 심장에 넣어주시는 것입니다. 이것은 돈으로 해결될 수 있는 문제가 아니라 당신 자신의 생명으로만 해결할 수 있는 문제입니다. 예수님이 우리를 위해 죽으신 것은 하나님이 우리를 그만큼 사랑하셨다는 것이지만, 더 중요한 것은 하나님과 우리의 관계가 하나님께도 우리에게도 본질적으로 중요한 문제이고 우리에게 마치 심장과 같은 것이어서 우리를 살리기 위해서는 당신이 죽으셔야만 한 것입니다.

이 설교를 준비하면서 이런 생각을 해봤습니다. 만약 내 딸이나 아들이 심장병에 걸려서 심장이식을 해야 한다면……. 간은 잘라서 붙일 수 있고 콩팥은 하나를 떼어서 주기도 하지만 심장은, 뇌사한 사람의 심장을 집어넣어야만 살릴 수 있습니다. 내 아이들 중 한 아이가 죽게 됐는데 내 심장을 이식해서 살릴 수 있다면, 아마도 저는 제 심장을 줄 수 있을 것 같습니다. "아빠는 살 만큼 살았으니 네가 더 잘 살아다오" 하고, 나는 죽더라도 내 심장을 아이들한테 넣어줄 수 있을 것 같습니다. 이것이 아버지의 사랑입니다. 우리를 살리기 위해 우리 몸값을 지불하시려고 당신의 아들을 버리신 아버지 하나님의 사랑입니다. 예수님이 십자가에서 "엘리 엘리 라마 사박다니, 나의 하나님 나의 하나님 어찌하여 나를 버리시나이까"라고 외치실 때, 그렇게 친밀한 관계를 유지하던 예수님에게서 하나님은 얼굴을 돌리셨습니다. 바로 우리를 위해서.

예수님은 자신이 죽기 위해 이 땅에 왔다는 것을 아셨기 때문에 제자들이 당신의 정체를 알고 난 다음부터 그 이야기를 하셨습니다. "내가 그리스도라는 것을 알았느냐? 그래서 나는 죽으러 간다." 세 번에 걸쳐 말씀하시고, 이제 예루살렘에 올라가시기 전 마지막으로 "내가 온 것은 섬김을 받으러가 아니라 섬기려 하고 내 목숨을 너희 몸값으로 주기 위한 것이다"라고 밝히시고 죽음을 향해 올라가셨습니다.

아바 아버지라 부르게 하신 사랑

예수님이 아니었다면 우리는 하나님 나라에 들어갈 수 없었습니다. 우리가 하나님 나라에 들어갈 수 있는 것은 무조건적인 하나님의 사랑이 엄청난 대가를 지불하셨기 때문입니다. 그 나라에 들어가서 종으로 살아도 감사한데 하나님은 당신 아들을 희생시키고 우리를 사셨기 때문에 종이 아니라 자녀로 삼으십니다. 우리는 자격이 없지만 하나님이 치르신 대가 때문에 우리가 하나님의 자녀가 되어 성삼위 하나님의 깊으신 교제 가운데 부름받는 것입니다. 이 신비를 우리는 이해할 수 없습니다. 하나님 나라가 완성되어서 우리가 하나님의 완전하신 임재 가운데 거하게 될 때에야 그 신비를 알게 되겠지요. 지금은 부분적으로 맛볼 뿐입니다. 이 신비는 예수님이 자신을 몸값으로 우리에게 주셨기 때문에 가능했습니다. 그래서 이 사랑을 깨달은 사람들은 예수 그리스도의 십자가를 생각할 때마다 눈물이 나는 것입니다.

십자가나 보혈 자체에 주술적인 능력이 있어서 죄를 씻는 것이 결코 아닙니다. 예수 그리스도의 보혈은 우리 죄의 대가를 대신 지불하기 위해 흘리신 것이지 죄를 씻어내는 세척제가 아닙니다. 보혈과 십자가 찬양을 하도 많이 하다 보니 예수님은 빠져버리고 보혈이 무슨 주술적인 능력이 있는 것처럼 되어버렸습니다. 그러나 십자가와 보혈이 우리에게 소중한 것은 거기에서 하나님의 사랑이 극적으로 나타났기 때문입니다. 나를 위해 죽으신 예수님의 피가 내 죄를 덮어버려서 내 죄 값을 대신 지불하셨기 때문에 하나님은 내가 죄가 없다고 여기시는 것입니다.

저는 아직도 이해할 수가 없습니다. 하나님이 어떻게 우리를 이토록 사랑하시는지……. 이 신비를 설명하려고 심장을 빼주었다는 표현을 사용하긴 했지만, 사실 인간이 자기 자식에게 심장을 빼주는 건 가능할지 모릅니다. 그러나 천지를 지으신 하나님이 이 땅의 미물에 불과한 인간을 살리겠다고 죽으셨다니요. 세상에 이런 사상이 어디 있습니까? 이것이 기독교의 본령입니다. 그래서 예수님은 우리에게 복음입니다. 좋은 소식, 복된 소식입니다. 그래서 우리는 예수님을 사랑하고, 나를 위해 생명 주신 예수님께 감히 내 인생을 드린다고 고백하게 되는 것입니다.

2년쯤 전에, 딸이 저에게 물었습니다. "아빠, 아빠는 왜 입양을 했어?" 뭐라고 대답할까 생각하다가 "응, 그건 말이야, 아빠도 입양됐거든" 이렇게 말했더니 딸의 눈이 똥그래집니다. "허엇, 그러면 할아버지 할머니가……." 그래서 얼른 "아니 아니, 그게 아니라, 아빠가 하나님이랑 관계없이 영적으로 고아처럼 살았는데 하나님이 아빠한테 찾아오셔서 아빠를 아들 삼아주셨잖아. 아빠가 하나님한테 입양된 사람이거든. 그래서 아빠도 좀 흉내 내보고 싶었어."

로마서와 갈라디아서에 나오는 "양자의 영을 받았다"라는 표현은 실제로 '입양되었다'라는 단어를 씁니다. 하나님 나라를 받아들였다면 우리는 모두 입양된 사람들입니다. 우리는 자격이 없지만 이제 하나님을 아바 아버지라고 부를 수 있게 되었습니다.

우리에게 예수가 복음인 두 번째 이유
_ 하나님 나라를 살아내게 하신다

하나님 나라에 들어갈 수 없는 우리를 들어가게 하신 예수 그리스도는 하나님 나라를 살아낼 수 없는 우리가 하나님 나라를 살아낼 수 있게 하십니다. 이것이 우리에게 복음입니다. 그래서 예수 그리스도가 우리에게 복음입니다.

> 무리와 제자들을 불러 이르시되 누구든지 나를 따라오려거든 자기를 부인하고 자기 십자가를 지고 나를 따를 것이니라 누구든지 자기 목숨을 구원하고자 하면 잃을 것이요 누구든지 나와 복음을 위하여 자기 목숨을 잃으면 구원하리라(8장 34-35절).

예수님이 제자들에게 "나를 따라오려거든 자기를 부인하고 자기 십자가를 지고 자기 목숨까지 버리면서 따라오라"고 말씀하셨습니다. 그런데 마가복음의 제자들이 자기를 부인하고 십자가를 지고 자기 목숨을 버리는 사람들이었습니까? 아닙니다. 마가복음의 제자들은 자기를 부인하지도 않았고 십자가도 지지 않았고 목숨을 버리기는커녕 예수님이 십자가에 달려 돌아가실 때 자기 목숨을 지키려고 다 달아났습니다. 예수 그리스도가 하신 것처럼 하나님 나라의 백성으로서 우리도 자기를 부인하고 십자가를 지는 것이 마땅하지만, 우리는 그렇게 하지 못합니다. 하나님과 함께 있으면서도 하나님을 알아보지 못한 제자들과 똑같이 우리 역시 하나님 나라를 살아낼 수 없는 사람들입니다. 하나님 나라가 도래했는데도 도래한 하나님 나라는 보지 못하고 세상의 번쩍이는 화려한 것에 마음을 뺏기는 사람들입니다.

그러나 기억하십시오. 마가복음에 나오는 제자들은 실패한 모습이지만 이 마가복음을 읽는 첫 독자들의 시대에 사도들은 실제로 생명을 버리는 자들이었습니다. 그렇게 평범하고 나와 다를 바 없던 제자들이, 하나님 나라를 살아내기 위해서 자기를 부인하고 십자가를 졌습니다. 이것을 가능하게 하신 분은 예수 그리스도이십니다. 예수님은 우리를 위해서 죽기만 하신 분이 아닙니다. 죽기 위해서 그 전에, 낮아지셨습니다.

낮은 곳으로 임하시는 예수

예수님은 어떤 분이셨습니까? 가난한 자들과 병든 자들을 찾아가셔서 그들을 마음에 품으시고 사랑하셨습니다. 작은 자를 소중히 여기셨습니다. 우리 눈에는 잘나고 똑똑하고 신앙 좋은 사람들만 보이고, 내 영혼이 잘되고 내가 사랑받는 것만 중요하게 생각되지만, 주님은 처음부터 약하고 부족한 사람들을 바라보고 계셨습니다. 하나님이셨던 분이 인간이 되셨다는 것 자체가 신비이고 이 누추한 몸을 입으셨다는 것 자체가 정말이지 기가 막힌 일인데, 이토록 낮아지신 예수님이 그 당시 똑똑하고 훌륭한 사람들이 아니라 가난하고 형편없고 못난 찌질이들을 만나셨습니다. 우리 하나님은 이런 분입니다.

그래서 우리는 예수님을 보면서 예수님처럼 살기를 소망하게 됩니다. 하나님 나라에 들어간 삶뿐 아니라 이 땅에서의 삶도 예수님처럼 살아야겠다고 생각합니다. 예수님처럼 살고자 한다면 우리가 해야 할 첫 번째 일은 가난한 자들, 약한 자들, 낮은 이들과 친구가 되는 것입니다. 그것이 하나님 나라를 살아내는 것입니다. 하나님 나라는 자기 방어능력이 없는, 가난하고 약하고 소외된 자들의 것입니다. 그러니 하나님 나라 백성이 되었으면 우리도 그 나라 왕이신 예수가 그러셨듯이 약하고 가난한 자들을 돌아보는 것이 마땅합니다.

성경은 편애하시는 하나님을 보여줍니다. 하나님은 가난한 자를 불쌍히 여기십니다. 가난한 사람은 왜 가난해졌습니까? 이 세상의 생존 경쟁에서 실패했기 때문입니다. 사람들은 게을러서 가난해진다고 얘기합니다. 물론 그런 경우도 있습니다. 그러나 가난은 대부분 사회의 구조적인 악에서 옵니다.

부모에게 아무것도 물려받지 못하고 그냥 맨손으로 삶을 일구어야 하는 친구들은 나이 오십이 될 때까지 집 한 채 마련하기가 빠듯합니다. 이 사람들이 몇 십 년간 근검절약해서 겨우 얻을 수 있는 것을 어떤 사람들은 결혼하면서부터 매우 손쉽게 얻습니다. 물론, 부모에게서 받는 것은 나쁜 게 아닙니다. 기본적으로 자식들이 사회생활을 살 시작할 수 있도록 지원해 주는 것은 부모의 마땅한 의무지요. 내 부모가 나에게 못해 줬어도 내 자식을 위해서 평생을 애쓰는 것은 귀한 일입니다. 그러나 이 격차가 점점 벌어지고 있습니다. 아무리 아끼고 성실하게 일해도 가난의 굴레를 벗어나지 못하는 사람이 많아지고 있습니다. 그러나 땅을 사놓으면 땅값이 저 혼자 올라서 누군가가 몇 년을 땀 흘려 일해도 벌 수 없는 큰돈을 벌게 되는 악한 구조에서 우리는 살고 있습니다. 정말 안타깝습니다. 이 깨진 세상에서 사람들은 황제의 거짓 복음에 속아 전부 아귀다툼을 하면서 서로 뺏고 뺏기며 자기만 위해 살아갑니다. 그러나 하나님은 능력이 없고 가난한 사람들에게 사랑한다고 말씀하십니다. 하나님은 늘 약자 편에 서시는 분입니다.

하나님 나라를 살아내다

그러므로 하나님 나라를 살아낸다는 것은, 약하고 가난한 자들의 친구가 되는 것입니다. 생각을 바꾸어야 합니다. 똑똑하고 예쁘고 잘난 친구들과 어울리려고 애쓸 것이 아니라, 마음이 허물어지고 잘 어울리지 못하고 힘들어하는 친구들에게 관심을 가져야 합니다. 하나님 나라는 그런 자들의 것입니다. 예수님은 그런 이들에게 찾아가서 먼저 친구가 되고 그 다음에 복음을 전하셨습니다. 이것을 잊어버리지 마십시오. 오늘날 그리스도인들은 친구가 되지 않고 복음을 전하려고 합니다. 그러니 복음이 전해지지 않지요.

복음은 원래 낮은 자에게 낮은 자의 모습으로 가서 예수님의 사랑을 나누는 것입니다. 약한 자들이 시대와 사회의 악한 구조에 희생당하는 세상이지만, 이 세상이 전부가 아니라는 것, 사랑과 정의의 새로운 시대가 열릴 거라는 소식, 예수 그리스도를 통해 우리가 다른 종류의 삶을 살 수 있다는 이야기를 전하는 것입니다. 그리고 지금 그 나라를 맛보며 살아가는 공동체를 보여주고 초청하는 것입니다. 그런데 우리가 이 이야기를 전하려면 실제로 그렇게 살아내는 공동체가 있어야겠지요. 그래서 공동체는 참으로 중요합니다.

우리가 가난하고 약한 자들에게 관심을 갖고 그들의 친구가 되어 예수님을 알리기 시작하면 당연히 우리의 관심은 사탄의 다스림 아래 훼손되어버린 세상의 문화와 사회, 정치와 경제로 이어집니다. 사람이 망가지는 것은 그 사람의 게으름과 악에 의해서만이 아니라 악한 문화에 노출되어 있기 때문이라는 것을 알게 됩니다.

많은 이들이 중고등학교 시절에 포르노를 접합니다. 어린 나이에 그런 자극적인 영상을 보면 온몸의 화학 작용이 확 바뀌어버리고 맙니다. 충격이 크기 때문에 쉽게 중독됩니다. 끊으려고 애를 쓰지만 혼자서는 끊기 어렵습니다. 영적 리더들에게 이야기하고 함께 기도해야 합니다. 요즘에는 초등학교 때부터 '야동'을 본답니다. 악한 문화에 희생된 것이지요. 문화가 바뀌어야 합니다. 문화를 바꾸지 않은 채 야동을 보지 말라고만 얘기하는 것은 소용이 없습니다. 더 좋은 문화가 자꾸 생겨나야 합니다. 그리스도인들이 이 일을 해야 합니다. 사람들이 망가지고 있는 것을 보고 마음 아파하며 대안적 문화를 만들어내고 대안적 사회와 대안적 정치구조, 대안적 경제구조를 만들어내는 그리스도인들이 필요합니다.

한국에 그리스도인이 극소수라면 사회적 책임도 적을 것입니다. 그런데 우리는 기독교 인구가 20퍼센트라고 말하고 있으니 그렇다면 한국 사회 전반에 대해 그리스도인들이 책임을 느끼고 관심을 가져야 합니다. 이 책임과 관심은 박애주의의 그것과 좀 다릅니다. 드러나는 모양은 일반 NGO 활동과 비슷할지 모르나, 우리의 근본적 동인은 이 땅에 더 나은 사회를 건설하려는 것이 아니라 가난하고 약한 자들 편이 되시는 하나님을 따라 그들을 망가뜨리는 사탄의 다스림에 저항하고 대항하려는 것입니다. 그래서 그리스도인의 사회 참여는 세상 사람들의 사회 참여와 전략적으로 연합할 수 있지만 목적이 다릅니다. 그리스도인들은 이 땅에 완벽한 유토피아가 건설될 거라고 믿지 않습니다. 예수님이 다시 오실 때에만 그렇게 될 것을 믿지요. 그러나 하나님의 사랑을 알았기 때문에 가난한 자들과 약한 자들 편에 서서 이들을 억압하고 망가뜨리는 사회와 제도, 문화에 더 치열하게 대항합니다.

그런데 오늘날 한국의 그리스도인들이 이것을 하지 않고 있습니다. '순수 복음'이니 '사회 복음'이니 하는 말로 영역을 나누고 있습니다. 그러나 성경에는 오직 '하나님 나라의 복음'이 있을 따름입니다. 하나님 나라의 복음에서는 복음을 전하는 것과 세상을 변혁하는 것이 나뉘지 않습니다. 이것을 나누는 자들은 복음을 제대로 이해하지 못한 자들입니다. 예수 그리스도의 사랑을 경험한 사람은 그 사랑 때문에 세상을 변혁시켜야 한다는 강력한 부담을 갖게 됩니다. 하나님의 다스림이 이 시대에 나타나야 하고, 사탄의 다스림 아래 신음하고 있는 사람들을 도와야 한다는 강력한 필요가 있기 때문에 우리는 사회에 참여합니다. 사회 속에서 우리는 하나님 나라의 복음을 우리의 말과 행동과 삶으로 드러냅니다.

문제는 우리가 그럴 만한 능력이 없는 사람들이라는 것입니다. 그러나 놀랍게도, 하나님 나라를 살아내려고 하는 자에게 성령께서 오셔서 힘을 주십니다. 이것은 신비입니다. 하나님 나라 운동을 하겠다고, 사회 참여를 하겠다고 뜨겁게 일어선 사람들이 중간에 다 쓰러져버렸습니다. 세상의 운동가들과 똑같은 방식으로 일했기 때문입니다. 세상의 운동가들은 자기 결단과 굳은 의지와 역사의식으로 그 일을 합니다. 우리는 성령의 힘으로 하는 사람들입니다. 그런데 성령이 사라지면 우리는 세상의 운동가들보다도 못하게 됩니다. 성령이 우리의 동력이기 때문입니다. 사도 바울은 이 비밀을 아는 사람이었습니다.

> 우리가 그를 전파하여 각 사람을 권하고 모든 지혜로 각 사람을 가르침은 각 사람을 그리스도 안에서 완전한 자로 세우려 함이니 이를 위하여 나도 내 속

에서 능력으로 역사하시는 이의 역사를 따라 힘을 다하여 수고하노라(골로새서 1장 28-29절).

하나님 나라 운동을 위해 바울은 모든 사람을 그리스도 안에서 온전히 세우는 일을 하고 있는데, "내 속에서 역사하시는 이의 역사를 따라" "나도 …… 힘을 다하여 수고"한다고 합니다. 이 말이 성령의 힘으로 한다는 것입니까, 자기 힘으로 한다는 것입니까? 성령이 역사하시면 나는 가만히 졸졸 따라가면 되는 줄 알았더니 그게 아니라 나도 힘을 다하여 수고한다는 것입니다. 이것이 성령을 아는 사람의 힘입니다. 성령을 아는 사람은 성령께서 그 속에서 일하실 때 나도 힘을 다하여 수고합니다. 그러다가 내 힘이 다 빠져서 더 이상 힘이 없다는 것을 발견할 때, 성령께서 일하시는 것이 드러납니다.

우리는 하나님 나라를 드러낼 수 있는 사람들이 아닙니다. 자기를 부인하고 자기 십자가를 질 능력을 지닌 사람들이 아닙니다. 혼자서는 할 수 없습니다. 그런데 만약 내가 성령님을 의지해서 자기를 부인하고 내 십자가를 지려고 하면, 내 속에서 성령께서 역사하시고 나는 그것을 따라 수고하면서 급기야 우리 같은 보통 사람이 자기를 부인하고 십자가를 지며 때때로 복음을 위해 생명을 버리는 일이 일어난다는 것입니다. 그러니 순교할까 봐 걱정하지 않으셔도 됩니다. 때가 되면 하나님이 할 수 있게 도와주십니다.

개인의 구원만 생각하고 교회 안과 밖의 삶을 이원론적으로 나누며 십자가의 복음에만 매달려 있는 우리를 변화시키셔서 하나님 나라의 웅대한 비전으로 총체적인 복음을 살아낼 수 있게 하시는 분은 예수 그리스도이십니다. 우리 자신의 능력으로는 할 수 없는 일입니다. 그러므로 예수님이 "나를 따라오려거든 자기를 부인하고 자기 십자가를 지고 나를 좇을 것이니라" 하신 부르심에 기꺼이 응답하시기 바랍니다. 예수님이 도와주실 것입니다.

우리 힘이 바닥나는 순간이 올 때에도 주님 따르기를 포기하지 않는다면, 그 때 우리 속에서 역사하고 계신 성령님의 능력을 보게 될 것입니다. 내 능력이 모조리 사라지고 나면 드러나는 성령의 능력, 하나님 나라를 살아낼 수 없는 나를 통해 하나님 나라를 드러내시는 예수님, 놀라운 신비의 삶을 경험하게 됩니다. 그래서 예수님은 우리에게 좋은 소식, 복된 소식입니다.

우리에게 예수가 복음인 세 번째 이유
_ 하나님 나라를 상속받게 하신다

마지막으로, 우리는 하나님 나라를 상속할 수 없는 사람입니다. 상속이란 부모의 유산을 자녀가 물려받는 것을 말합니다. 하나님 나라에 들어갈 자격도 없고 하나님의 자녀라 불릴 자격도 없는 우리를 하나님께서 상속자로 삼아주십니다.

예수께서 이르시되 내가 진실로 너희에게 이르노니 나와 복음을 위하여 집이

나 형제나 자매나 어머니나 아버지나 자식이나 전토를 버린 자는 현세에 있어 집과 형제와 자매와 어머니와 자식과 전토를 백 배나 받되 박해를 겸하여 받고 내세에 영생을 받지 못할 자가 없느니라(마가복음 10장 29-30절).

부자 청년이 근심하며 돌아간 후에 베드로가 자신들은 모든 것을 버렸다고 이야기하자 예수님이 제자들에게 하신 말씀입니다. 그리고 이 말씀 직후에 예수님은 다시 한 번 죽으실 것을 예고하셨습니다. 그러나 이 말씀을 듣고도 제자들은 여전히 예수님 좌우에 앉을 것을 관심하고 자기들끼리 내분을 일으킨 것입니다.

사실, 우리는 하나님 나라를 상속하는 것에 별로 관심이 없습니다. 우리가 죽고 난 다음에 또는 예수님이 재림하셔서 새롭게 시작할 하나님 나라에 들어갈 것을 소망하는 사람도 많지 않습니다. 부활에 대해서도 막연하게 생각할 뿐 성경이 뭐라고 가르치는지 깊이 있게 살펴본 사람은 많지 않은 것 같습니다. 성경이 말하는 부활을 제대로 안다면 우리 생각은 바뀔 수밖에 없습니다. 성경을 워낙 안 읽는데다 읽어도 주의 깊게 보지 않으니까 다 나와 있는데도 놓치고 마는 것이죠. 그래서 결국 하나님 나라에 들어갈 것과 상속받을 것에 대한 기대감이 없고, 당장 눈에 보이는 이 땅이 훨씬 좋아 보이는 것입니다. 제자들도 마찬가지였습니다. 다 버리면 내세에 영생을 상속하지 못할 자가 없다고 예수님이 말씀하셨지만 제자들은 이 땅에서 권세 잡는 것을 더 원했습니다. 제자들 모습이 우리와 똑같습니다. 우리는 세상에 함몰되어버리기가 쉽습니다. 이런 우리가 하나님 나라를 상속할 수 있게 하시는 분이 예수님입니다.

이제 우리는 하나님께 기도해야 합니다. 내 눈을 열어 지금 보고 있는 세상이 전부가 아닌 것을 알게 해주시고, 내가 상속받을 나라가 있다는 것을 알게 하셔서 그 나라를 소망하며 그 나라에 대한 종말론적 비전을 갖고 살아가도록 도와달라고 기도하는 가운데 성경을 읽어나간다면, 우리를 함몰시키려는 세상에 일방적으로 두들겨 맞는 것을 극복해낼 수 있습니다. 예수님이 이 일을 하십니다. 우리를 인도하셔서 그 나라의 소망을 주실 것입니다.

그런데 우리가 대부분 정신을 못 차리기 때문에 때로는 어려움을 겪도록 허락하십니다. 잘 나갈 때는 하나님이 없어도 잘 살 수 있을 것 같습니다. 이 땅에서 실패할 때에야 우리는 고통 가운데 눈이 열려서 이 세상은 내가 살 집이 아니라는 것을 기억합니다. 부당하고 불의한 세상에 부딪쳤을 때에야 하나님 나라를 소망합니다. 아이러니죠. 고통을 겪지 않은 사람들은 하나님 나라를 소망하지 않습니다. 이 땅도 꽤 쓸 만하거든요. 그러나 제가 불행한 예언을 하나 해 드릴까요? 앞으로 우리 인생에는 숨이 넘어가게 어려운 고통이 있을 것입니다. 웬 악담이냐고요? 그게 현실입니다.

이 땅을 사는 동안 어둠의 세력이 우리를 쏘는 경험을 할 것입니다. 지금까지 믿어온 모든 것이 허물어지는 것 같은 시간이 옵니다. 그리고 사탄이 우리에게 속삭입니다. 하나님이 없지 않느냐고, 하나님이 너를 버리셨다고. 그 때 이 말씀을 기억하셔야 합니다. 그런 고통을 겪는 것은, 이 땅이 전부라고 생각하고 소망을 두며 살아가는 우리를 흔들어 깨워서 이 땅은 지나가는 곳이며 우리가 영원히 구할 것은 따로 있음을 알려주시는 하나님의 위장된 축복입니다. 우리가 하나님 나라를 갈구하도록 하나님은 때때로 어려움을 허락하신다는 것을 기억하십시오.

늘 하나님 나라의 비전을 품고 소망을 놓지 않고 살아간다면 특별한 고난을 겪지 않을 수도 있습니다. 그러나 또한, 건강한 비전으로 살아간다 할지라도 이 땅에서 고통받는 사람들을 더 이해하고 사랑하도록 고통을 겪게 하실 수도 있습니다. 하나님은 우리로 하여금 세월이 지나갈수록 하나님 나라를 상속할 수 있게 도우시고 이끌어주십니다.

3년 전, 아버님이 위암에 걸리신 것을 발견했습니다. 가족들이 모두 놀랐습니다. 곧바로 병원에 입원하셨는데, 암이 많이 진행된 상태였고 의사들은 얘기하지 않았지만 말기인 것 같았습니다. 수술을 해야 하지만 의사들은 수술이 성공한다 해도 완치될 거라는 얘기는 하지 않았습니다. 학교에 교목이 있듯이 우리 집안에는 가목(가정의 담당 목사)이 있는데, 가목인 제가 부모님을 위로해 드려야 할 것 같았습니다. 그래서 병실에서 어머니, 아버지 손을 붙잡고 같이 기도를 시작했습니다. 그날 아버지와 어머니가 기도하시는 걸 들으면서 저는 충격을 받았습니다. 두 분은 병을 낫게 해달라거나 더 살게 해달라는 기도를 하지 않으셨습니다. "지금까지 살아온 것이 복에 겹습니다. 하나님, 이 땅에서 제가 더 할 일이 없다면 이제 저를 하나님 품에 안아주십시오. 저는 충분히 살았습니다. 너무 감사합니다.

주님 은혜가 족합니다." 이 기도를 저는 평생 잊지 못할 것입니다.

그 때 수술 후 6개월밖에 살 수 없다고 했는데 건강하게 3년을 더 사셨습니다. 작년 말에 다시 검사했더니 암이 약간 전이된 것이 발견되었습니다. 다시 수술을 할 것이냐 말 것이냐를 놓고 가족들이 다 같이 모여서 손을 잡고 기도했습니다. 하나님의 뜻을 구하며 침묵했습니다. 제가 아버님께 물었습니다. "지금 아버지 마음속에 두려움이 있으십니까?" 아버님의 대답이 점차 기도로 바뀌었습니다. 이 기도 역시 잊을 수가 없습니다.

"저한테 두려움이 없습니다. 두려움이 있다면, 하나님 이름에 걸맞게 살지 못한 것이 너무 안타깝고 두렵습니다. 그러나 하나님이 나를 이렇게 3년이나 더 살게 하셨으니, 이제 하나님께 내 인생을 맡깁니다. 살아도 죽어도 당신 뜻대로."

가족들이 다 같이 손을 잡은 채 울면서 기도했습니다. 기도가 끝나고 난 다음에 아버님이 가족들을 하나씩 하나씩 안아주셨습니다. 그리고 마지막에 어머니를 안으셨습니다. 정말 감격적인 순간이었어요. 아버지가 어머니에게 이렇게 말씀하셨습니다.

"여보. 당신 그동안 수고했어요. 나, 당신을, 사실은 존경해."

그 말은 어머니가 평생 꼭 듣고 싶던 얘기였을 겁니다. 두 분이 같이 안고 우셨습니다. 너무나 아름다웠습니다. 죽음을 앞두고, 죽음이 끝이 아니라는 것을 아는 사람들이 보일 수 있는 평안과 위로와 사랑이었습니다.

하나님 나라에 소망이 있을 때, 이 땅 위의 질병이든 고통이든 깨어짐이든 어떤 것이든지 의연하게 이겨나갈 수 있는 힘이 생깁니다. 우리는 그런 사람들입니다. 우리는 도무지 그럴 수가 없는 사람들인데 예수 그리스도로 인해 하나님 나라를 상속할 수 있게 되었습니다. 그래서 예수 그리스도는 우리에게 복음이십니다.

복음을
믿어라

"복음을 믿어라." 여기서 복음은 예수님 자신을 뜻합니다. 이 복음은 하나님 나라에 들어갈 수 없던 우리를 들어가게 만들어주십니다. 하나님 나라를 살아낼 수 없던 우리로 살아내게 하시며, 하나님 나라를 상속할 수 없던 우리가 하나님 나라를 상속하게 하십니다. 그분이 바로 예수 그리스도이십니다. 그것이 바로 복음입니다. 그렇기 때문에 우리는 예수 그리스도를 생각할 때마다 하나님이 주신 최고의 선물로 기억하고, 예수 그리스도를 묵상할 때마다 늘 감격하고 그 은혜에 무릎 꿇게 되는 것입니다.

이 예수를 더 알아가십시오. 예수님을 더 알면 사랑하지 않을 수 없고, 예수님을 더 사랑하면 그분을 위해서 죽음을 불사하겠다는 얘기를 하지 않을 자가 없으니 그 이유는 그분이 우리를 그렇게 사랑하셨기 때문입니다. 이 놀라운 복음의 삶을 누리시기 바랍니다.

믿
어
라

지금까지 우리는, 우리가 사랑하고 믿는다고 말하는 예수님이 외치신, 그러나 많은 그리스도인에게 무시되어온 말씀을 같이 살펴봤습니다. 아마도 여러분 가운데 적지 않은 분들이 '예수님이 그토록 외치신 말씀을 내가 진지하게 생각해 본 적이 없었구나', '교회생활을 오래 했지만 성경이 진정으로 전하고 있는 말씀을 놓치고 있었구나' 하고 생각하셨을 것입니다. 저는 마가복음 1장 15절이 마가복음 전체를 대변하는 말씀이면서 또한 오늘날 여전히 우리를 향해서 외치고 계시는 예수님의 말씀이라고 믿습니다.

잠깐 정리해 볼까요?

"**때가 찼다**"라는 말씀을 통해서 우리는 크로노스와 같이 흘러가는 시간도 있지만 카이로스와 같이 지정된 특별한 시간이 있다는 것, 하나님은 역사의 전환점에 단호하게 개입하셔서 하나님을 알 수 없었던 우리를 위해서 일하셨다는 것을 살폈습니다. 역사 속에 개입하셔서 역사의 전환점을 만드신 놀라우신 하나님은 개인적인 인생에도 찾아오셔서 우리 인생의 전환점도 만드실 수 있는 분이라는 것과 그 때가 이제 찼다는 말씀을 나누었습니다.

"하나님의 나라가"라는 말씀으로는, 하나님이 깨어진 이 세상을 회복하기를 얼마나 간절히 원하시는지, 그 비전인 하나님 나라가 어떤 나라인지 살폈습니다. 사실 하나님 나라는 신구약의 중심 사상으로, 하나님의 다스림 아래 치유와 회복이 일어나는 곳이며 평범한 자들이 들어가서 자녀가 될 수 있는 놀라운 곳이라는 것, 그 나라에 들어가는 사람은 믿고 따르는 자들, 어린아이와 같은 자들, 대가를 지불하는 자들이라는 것을 나누었습니다.

"가까이 왔다"라는 말씀에서는 하나님 나라 백성으로서 우리가 가져야 할 역사의식인 'already, not yet', 즉 하나님 나라가 이미 임하였지만 아직 완전히 임하지 않은 이중적인 하나님 나라의 도래를 이야기했고, 그러나 그 나라에 이미 속한 우리는 기뻐하며 그 나라를 살아내고자 기도하고 그 나라가 완성될 것을 바라보며 기대한다고 했습니다.

"회개하여라"에서는, 회개라는 것이 감정을 분출하는 것이 아니라 끊임없이 하나님 나라를 향해 돌아서는 지속적인 방향 전환임을 이야기했습니다. 그래서 우리의 주 관심사가 무엇인가, 인간관계는 어떻게 맺는가, 궁극적으로 나에게 예수님은 누구이신가 하는 세 가지 영역에서 우리의 시선이 바뀌어나가는 과정이 회개의 본질적인 내용이라는 말씀을 나누었습니다.

그리고 **"복음을"**에서, 하나님이 우리에게 주신 최고의 선물인 복음이 좋은 소식일 수도 있지만 어떤 이에게는 심판의 소식이 될 수도 있다고 했습니다. 하나님 나라에 들어갈 수 없던 나를, 하나님 나라를 살아낼 수 없던 나를, 하나님 나라를 상속할 수 없던 나를, 들어가고 살아내고 상속할 수 있게 하신 예수 그리스도 바로 그분 자신이 복음이라는 얘기를 나누었습니다.

이제 마지막으로 "믿어라"라는 말씀으로 하나님 나라 백성이 누리는 삶의 비결을 나누려고 합니다. 그 전에 부탁드리고 싶은 것이 있습니다.

오늘날 그리스도인들이 모이는 집회에서는 말씀을 깊이 상고하는 시간이 사라져가고 있습니다. 조선이 일제에 합방되면서 고통을 겪고 있을 때, 우리 신앙의 선조들은 사경회라는 것을 했습니다. 평양에서 사경회가 열리면 전국의 그리스도인들이 이불을 메고 쌀을 지고 평양까지 걸어와서 일주일 동안 사경회에 참석하고, 그곳에서 배운 말씀을 자기 교회에 가르쳤습니다. 말씀이 이 민족을 살릴 수 있을 것이라고 생각했기 때문에 그토록 말씀을 사랑한 것입니다. 이것은 한국 교회의 뿌리 깊은 전통이었습니다. 그러나 오늘 우리 그리스도인들은 말씀을 스스로 읽기보다는 설교 듣기를 좋아하고, 주의 깊게 말씀에 귀를 기울이기보다는 재밌는 설교 듣기를 좋아하게 되었습니다. 참으로 안타까운 일입니다. 그래서 제가 드리고픈 부탁은, 여러분 인생의 기초를 부디 말씀에 든든히 놓으시라는 것입니다. 말씀에 기초한 인생이 이 민족을 살리고 하나님 나라를 일구어 갈 것이기 때문입니다. 아니, 그뿐 아니라 말씀에 기초한 인생만이 하나님 앞에서 성공한 인생이기 때문입니다.

자, 이제 예수님이 외치시는 이 귀한 말씀의 마지막 부분인 "믿어라"를 살펴봅시다.

성경적이지 않은 기독교 용어들

그리스도인들이 사용하는 많은 단어가 사실은 매우 성경적이지 않다는 것을 아십니까? 한 종교가 어느 사회의 중심 사상이나 중심 종교로 자리하게 되면 그 종교는 곧 제도화하는 성향이 있습니다. 제도화하고 난 다음에는 그 종교가 지니고 있던 아주 핵심적인 사상들이 알맹이는 다 사라지고 껍데기만 남습니다. 알맹이가 완전히 사라지지 않는다 할지라도 그 사회에 있는 기존 가치관과 섞여서 원래 사상을 잃어버리거나 변질하는 경우가 굉장히 많습니다. 앞으로 성경을 보실 때, 우리가 지닌 생각들을 성경에 근거해서 본질에 맞게 고쳐나가시기를 바랍니다.

오늘날 한국 교회에서 많이 쓰는 죄, 은혜, 영접, 교회, 목사, 장로, 사랑 같은 많은 단어가 성경에서 가르치는 내용과 약간 다르게 사용되고 있습니다. 완전히 다른 것은 아니지만 성경이 이야기하는 그대로가 아니라 한 부분은 성경에 걸쳐 있고 다른 부분은 세속 사상이 들어와서 같이 섞여 있는 경우가 아주 많습니다. 사실, 오늘날 그리스도인들이 힘을 발휘할 수 없는 이유가 여기에 있습니다. 앞에서도 하나님 나라, 회개, 복음과 같은 성경 단어들이 원래 어떤 의미인지를 계속 살펴보았는데, 저는 오늘날 한국 그리스도인들이 가장 헷갈리는 단어가 단연코 '믿음'이라고 생각합니다. 많은 교회에서, 많은 목회자가, 많은 그리스도인이 믿음이라는 단어를 잘못 설명하고 잘못 가르쳐서 잘못 이용하기 때문에 오늘날 그리스도인들이 '믿음'을 혼돈스러워하고 있습니다.

예를 들어서, 어떤 사람들은 '믿겨지지 않는다'고 말합니다. 믿기지 않아서 못 믿겠다 또는 믿기지 않아서 힘들다고 합니다. '내가 정말로 믿고 기도했더니 이루어졌다'거나 '그렇게 열심히 믿고 기도했는데 하나님이 내 기도에 응답하지 않으셨다'고도 합니다. 한국 교회에 훌륭한 자매가 많은데 그 '믿음 좋은' 자매들이 '주님이 좋은 배우자를 주실 줄로 믿고 기도'했는데 사십이 될 때까지 혼자 남는 경우가 적지 않습니다. 1-2년도 아니고 10년, 20년을 믿고 기도했는데 배우자를 만나지 못하고, 오히려 기도도 안 하고 성격도 나쁜데 단지 예쁘다는 이유 하나로 시집을 잘 가는 다른 친구들을 보면서 많은 자매가 큰 고통을 겪습니다. 이건 절대로 웃을 일이 아닙니다. 기독교 내의 인구학적 속성상 어쩔 수 없이 일어나는 현상이거든요. 그런데 이렇게 되면 많은 사람이 마음 깊숙한 곳에 하나님에 대한 깊은 실망감을 갖게 됩니다. 주님이 나에게 선하게 행하실 것을 정말로 믿었는데 왜 주님은 그렇게 하지 않으셨나, 믿는 자에게 능치 못할 일이 없다고 했는데 어떻게 나는 결혼 하나 제대로 안 되나, 이런 깊은 고통을 겪게 됩니다.

도대체 믿는다는 것이 무엇입니까? 먼저, 잘못된 믿음에 대해 살펴보겠습니다.

잘못된 믿음 1
_ 믿음은 하나님이 주시는 것이다

많은 사람이 이렇게 생각하고 이렇게 가르칩니다. 믿음은 하나님이 주시는 선물이라는 것입니다. 사실 '믿어진다'는 말 뒤에는 이런 생각이 깔려 있습니다. 어떤 사람은 별로 한 것도 없는데 갑자기 믿어졌다고 합니다. 하나님이 그에게 믿음을 주셨기 때문인데, 그럼 왜 내게는 그 믿음을 안 주셔서 못 믿게 하시는지 답답하고 원망스러운 마음이 듭니다. 그런데 마가복음을 보면 1장 15절에서 예수님은 "때가 찼고 하나님 나라가 가까이 왔으니, 복음을 믿어라!"라고 말씀하셨습니다. "때가 찼고 하나님 나라가 가까이 왔으니 복음이 믿어질 것이다"라고 말씀하지 않으셨습니다.

 5장에 가면 회당장 야이로의 딸을 고치러 가시는 길에 12년 동안 혈루병 앓던 여인의 병이 낫는 일이 일어난 직후 예수님은 야이로의 딸이 죽었다는 전갈을 받으셨습니다. 야이로의 마음이 얼마나 상했을까요? 그 때 "예수께서 그 하는 말을 곁에서 들으시고 회당장에게 이르시되 두려워하지 말고 믿기만 하라"(5:36)고 하셨습니다. 믿지 못하고 있는 회당장에게 '믿으라'고 명령하십니다. 성경에서 믿어질 것이라고 표현한 경우는 한 번도 없습니다. 그런데 왜 이런 혼란이 왔을까요? 어쩌면 에베소서 2장 8절 때문이 아닌가 싶습니다.

> 너희는 그 은혜에 의하여 믿음으로 말미암아 구원을 받았으니 이것은 너희에게서 난 것이 아니요 하나님의 선물이라.

우리가 '은혜에 의하여' '믿음으로 말미암아' 구원을 받았는데 이것이 하나님의 선물이라고 합니다. 그러니까 믿음이란 하나님의 선물이라고 생각하는 것이지요. 그런데 이 말씀의 원어를 살펴보면, '은혜'와 '믿음'이라는 단어는 여성 명사인데 '이것'은 중성 명사입니다. 그러므로 여기서 하나님의 선물인 '이것'은 은혜나 믿음을 가리키는 게 아니라 '그 은혜에 의하여 믿음으로 말미암아 구원을 얻는 것' 전체를 가리킵니다. 구원을 얻는 것이 하나님의 선물이라는 뜻입니다.

믿음은 기본적으로 하나님 말씀에 우리가 반응하는 것입니다. 만약 믿음이 하나님의 선물이라면 우리가 믿음으로 구원을 받는 것도 다 하나님 뜻대로 하는 것인데, 하나님이 선물을 안 주셔놓고 믿지 않은 사람들을 심판하시는 것은 말이 안 된다, 이런 이상한 논리가 나오게 됩니다. 믿음은 하나님의 선물이 아닙니다. 믿음은 하나님이 하신 말씀에 대한 우리의 인격적 반응입니다.

그럼 '어느 날 갑자기 확 믿겨졌다'는 간증들은 어떻게 이해해야 할까요? 그것은 그 순간 하나님 말씀이 자기에게 설득되었다는 것이지 믿음을 선물 받아서 믿게 된 것이 아닙니다. 하나님은 우리의 의지를 무시한 채 마구 밀어붙이지 않으십니다. 하나님은 우리를 인격적 존재로 만드셨기 때문에 아주 예외적인 경우를 제외하고는 그렇게 겁탈하듯이 우리에게 다가오지 않으십니다. 이 사실은 굉장히 중요합니다.

하나님은 인격적인 분입니다. 사실, 하나님이 우리를 믿게 만들겠다고 마음먹으시면 그건 하나님께 너무 쉬운 일입니다. C. S. 루이스가 쓴 「스크루테이프의 편지」(홍성사)에 이 이야기가 나옵니다. 스크루테이프는 사탄의 세계에서 중역쯤 되는 악마인데 자기 밑에 있는 졸개 악마에게 편지를 써서 '환자'를 관리하는 법을 가르칩니다. 여기서 '원수'는 하나님을 말합니다.

> 원수가 왜 더 많은 능력을 사용하여, 어느 순간에든 자기가 원하는 만큼 인간 영혼들에게 느끼기 쉽게 임재하지 않는지 궁금한 적이 많았을 게다. 하지만 불가항력으로 믿게 하는 것과 반론의 여지를 봉쇄하는 것은, 그의 계략의 본질상 그가 사용할 수 없는 두 가지 무기임을 알아야 한다. 인간의 의지를 단순히 짓밟는 것(원수 자신의 임재를 가장 약하고 미세하게만 느끼게 해도 분명 그럴 수 있다)은 그에게는 쓸모없는 일이다. 그는 강탈은 못한다. 오직 사랑으로 호소할 뿐이지.

하나님이 우리를 톡 건드리시면 우리는 그 신비한 영적 체험으로 거품 물고 쓰러질 것입니다. 그런데 하나님은 그렇게 하지 않으십니다. 하나님은 우리를 조작하지 않으십니다. 사랑은 조작하는 게 아닙니다. 진실로 다가가서 진실로 반응하게 하는 것이 사랑입니다. 그게 사랑의 근원이신 하나님의 방법입니다. 그래서 믿음이란, 하나님이 우리에게 일방적으로 주시는 것이 아니라 우리가 하나님께 인격적으로 반응하는 것입니다.

잘못된 믿음 2
_ 믿음은 내가 소원하는 바를 믿는 것이다

사람들은 흔히, 내가 소원하는 바를 간절히 믿는 것이 믿음이라고 생각합니다. 성경에서 예수님도 혈루병 여인이나 바디매오에게 "네 믿음이 너를 구원하였다"고 말씀하셨으니 맞는 말이 아닌가 싶습니다. 그들은 자기 병이 낫고 눈을 뜰 것을 믿었고, 그렇게 해서 병이 낫고 눈을 뜬 것이 그들에게는 구원이니까 예수님이 그렇게 말씀하신 것이라고요. 그래서 설교가들이 병이 있으면 믿음으로 기도하라고, 병이 낫지 않는 것은 믿음이 부족해서라고 잘못 가르칩니다. 얼마나 많은 사람이 절망에 빠지는지 모릅니다.

치유 집회에 가면 하나님이 고쳐주실 것을 믿으라고 강요하는 영적 폭력이 매우 많습니다. 이런 집회에서 병이 낫는 사람도 일부 있지만 병이 낫지 않은 채 집에 돌아가는 사람들은 대부분 마음속에 큰 고통을 떠안습니다. 내가 분명히 믿었는데 왜 안 고쳐주실까, 나는 믿을 수 없는 사람인가, 내 믿음이 부족한가, 심각한 회의에 빠져듭니다.

혈루병 여인의 이야기를 들여다볼까요? 그 때 예수님은 야이로의 집으로 가고 계셨습니다. 수많은 사람이 운집했고 여기저기서 예수님을 만졌습니다. 예수님을 만지면 병이 나을 거라고 생각했기 때문이지요. 그런데 딱 한 사람만 나았습니다. 이상한 일입니다. 병에 걸린 사람들의 고통을 아십니까? 육체적 고통이 얼마나 극심한지, 그들이 얼마나 낫기를 갈망하는지 아시나요? 서로 다투며 예수님을 만진 무리 중에 '그분을 만지면 나을지도 모른다, 아니 나을 수 있다'고 간절히 믿지 않은 사람은 하나도 없었을 것입니다. 그런데 이 여인만 나았습니다. 그리고 예수님은 "네 믿음이 네 병을 고쳤느니라"라고 하신 것이 아니라 구원을 받았다고 말씀하셨습니다.

믿음은 내가 간절히 소원하는 바를 믿는 것이 아니라, 예수님이 어떤 분인지를 믿는 것입니다. 내가 올해 반드시 결혼할 거라고, 나는 반드시 성공할 거라고 굳게 믿는 것은 기독교의 믿음이 아닙니다. 그런데 많은 그리스도인은 내가 소원하는 바를 믿는 것이 믿음이라고 생각하고 그렇게 가르쳐서 믿음을 철저하게 사유화하고 있습니다. 믿음을 내가 원하는 축복을 얻어내는 수단으로 생각한다는 것입니다. 그렇기 때문에 얼마나 의심하지 않고 세게 믿느냐가 중요하다는 이야기가 따라 나오는 것입니다. 살살 믿어서는 안 되고, 의심하면 안 되고, 세게 믿어야만 하나님이 응답해 주신다는 것입니다.

잘못된 믿음 3
_ 의심하지 말고 세게 믿어야 한다

마가복음 11장 23-24절에서 예수님이 의심하지 않는 믿음에 대해 말씀하셨습니다.

> 내가 진실로 너희에게 이르노니 누구든지 이 산더러 들리어 바다에 던져지라 하며 그 말하는 것이 이루어질 줄 믿고 마음에 의심하지 아니하면 그대로 되리라 그러므로 내가 너희에게 말하노니 무엇이든지 기도하고 구하는 것은 받은 줄로 믿으라 그리하면 너희에게 그대로 되리라.

이 말씀을 약속의 말씀으로 붙잡고 기도한다는 분이 많습니다. "그 말하는 것이 이루어질 줄 믿고 마음에 의심하지 아니하면, 그대로 되리라." "무엇이든지 기도하고 구하는 것은 받은 줄로 믿으라." 어떻습니까? 맞지요? 세게 믿어야겠습니다. 그러나 이 말씀 바로 앞에는 "하나님을 믿으라"(22절)라는 말씀이 더 있습니다. 그리고 더 앞서 마가복음 11장 12-14절에는 예수님이 무화과나무를 저주하시고 제자들이 그 말씀을 들었다는 이야기가 나옵니다. 20절에서 그 다음날 아침에 지나가다가 무화과나무가 말라 죽어버린 것을 보고 제자들이 놀라자 예수님이 이 말씀을 하신 것입니다. "하나님을 믿어라."

어떤 하나님을 믿으라는 뜻입니까? 열매 맺지 않는 무화과나무를 저주해서 심판한 것처럼 열매 맺지 않는 이스라엘도 심판하시는 하나님이신 것을 믿으라는 말씀입니다. 그저 나를 시집장가 보내주고 대학 보내주고 병 낫게 해주실 하나님을 믿으라는 것이 아닙니다. 여기서 하나님을 믿으라는 예수님의 말씀은, 마땅히 의의 열매를 맺어야 할 이스라엘에게 하나님이 열매를 구하실 때 열매는 맺지 않고 위선으로 가득 찬 이스라엘을 심판하시는 하나님이심을 믿으라는 것입니다.

그렇기 때문에 우리가 무엇을 구한다는 것은, 하나님이 심판하시고 회복하시는 그분의 일을 행하실 때 하나님의 뜻이 하늘에서 이루어진 것처럼 땅에서도 이루어지도록 우리가 하나님의 일을 위해서 기도하면 그대로 이루어진다는 뜻입니다. 이것은 개인적으로 내가 원하는 것을 의심 없이 믿으면 다 이루어진다는 것이 아니라, 하나님의 뜻이 이 땅에 이루어질 것을 의심하지 않고 기도할 때 그것이 이루어진다는 뜻입니다.

"제 믿음이 약해서요." 많은 사람이 이렇게 얘기합니다. 믿음이 충분히 세지 않기 때문에 무엇을 할 수 없다는 것입니다. 하나님이 우리의 믿음을 재고 계신가요? "에이, 네 믿음이 좀 모자라니 이번엔 병 못 낫겠구나." "얘, 시집가고 싶으면 믿음 강도를 더 올려라." 이렇게 하시는 분입니까?

그리스도인들은 기독교의 믿음을 크게 착각하고 있습니다. 제가 뭘 잘못 먹었는지 속이 더부룩하고 배가 살살 아픈데, 소화제를 먹지 않고 두통약을 먹으면서 꼭 나을 거라고 세게 믿는다면 배가 나을까요? 배가 아플 때는 그냥 소화제를 먹으면 됩니다. 두통약 먹으면서 "믿씁니다!" 하고 굳게 믿으면 나을 거라는 생각은 착각입니다. 믿음은 세게 믿는 것이 아니라 하나님이 이루신 일을 그냥 받아들이는 것입니다. 내가 믿고 싶은 것을 세게 믿어서 하나님이 내가 원하는 것을 해주시도록 조작할 수 있다는 생각은 착각이라는 것입니다. 하나님은 그런 분이 아닙니다. 왜 우리 하나님을 이상한 분으로 만들어버립니까? 아이가 아빠에게 장난감을 사달라고 하는데 "네 열심이 부족하다. 더 열심히 장난감을 원해야지" 이렇게 말할 부모가 어디 있겠습니까? 부모는 자녀의 열심이나 신뢰가 아니라 자녀의 필요 때문에 움직입니다.

마가복음에 나타난 믿음

마가복음에는 '믿다', '믿음', '믿지 않다' 등 믿음에 관한 단어가 여러 번 나옵니다. '믿다'라는 동사는 10번쯤 나오는데, 마가복음 뒷부분의 긴 끝맺음까지 포함하면 13번 나옵니다. '믿음'이라는 명사는 5번, '믿지 않다'라는 동사는 3번 나옵니다. 그럼 이제 마가복음이 믿음의 의미를 무엇이라고 말하는지 깊이 살펴보아야겠습니다.

마가복음에서 '믿다'라는 동사와 함께 목적어가 나온 경우는 세 번 또는 네 번인데, 중요한 것은 세 번입니다. 가장 먼저는 우리가 잘 알고 있는 1장 15절입니다. "**복음을** 믿어라." 그 다음은 9장 42

절입니다. "또 누구든지 **나를** 믿는 이 작은 자들 중 하나라도 실족하게 하면 차라리 연자맷돌이 그 목에 매여 바다에 던져지는 것이 나으리라." '나를', 곧 예수님을 믿는 것입니다. 또 하나는 조금 전에 본 무화과나무 사건이 등장하는 11장 22절입니다. "예수께서 그들에게 대답하여 이르시되 **하나님을** 믿으라." 사실 정확하게는 '하나님을 믿으라'라기보다 '하나님을 믿는 믿음을 가져라'라고 표현되어 있습니다. 마가복음에서 '믿으라'고 할 때 그 믿는 대상은 늘 예수님과 하나님, 그리고 그분의 복음입니다. 우리가 살펴봤듯이 예수님은 복음을 자신과 동일시하십니다. 예수님이 믿으라고 하시는 대상은 예수님과 하나님, 복음입니다(단, 13장 21절에서 "그 때에 어떤 사람이 너희에게 말하되 보라 그리스도가 여기 있다 보라 저기 있다 하여도 믿지 말라"라고 했는데 이것은 조금 다른 내용이니까 여기서 다루지 않겠습니다).

마가복음에서 믿음이라는 단어가 목적어 없이 사용되는 경우도 많습니다.

예수께서 **그들의 믿음을 보시고** 중풍병자에게 이르시되 작은 자야 네 죄 사함을 받았느니라 하시니(2장 5절).

이에 제자들에게 이르시되 어찌하여 이렇게 무서워하느냐 너희가 어찌 **믿음이 없느냐** 하시니(4장 40절).

예수께서 이르시되 딸아 **네 믿음이** 너를 구원하였으니 평안히 가라 네 병에서 놓여 건강할지어다(5장 34절).

예수께서 그 하는 말을 곁에서 들으시고 회당장에게 이르시되 두려워하지 말고 **믿기만 하라** 하시고(5장 36절).

그들이 믿지 않음을 이상히 여기셨더라 이에 모든 촌에 두루 다니시며 가르치시더라(6장 6절).

대답하여 이르시되 **믿음이 없는 세대여** 내가 얼마나 너희와 함께 있으며 얼마나 너희에게 참으리요 그를 내게로 데려오라 하시매(9장 19절).

예수께서 이르시되 할 수 있거든이 무슨 말이냐 **믿는 자에게는** 능히 하지 못할 일이 없느니라 하시니(9장 23절).

곧 그 아이의 아버지가 소리를 질러 이르되 **내가 믿나이다 나의 믿음 없는 것을 도와주소서** 하더라(9장 24절).

예수께서 이르시되 가라 **네 믿음이 너를 구원하였느니라** 하시니 그가 곧 보게 되어 예수를 길에서 따르니라(10장 52절).

이 말씀들에서는 무엇을 믿었다는 대상 없이 그냥 믿는 것을 이야기합니다. 그러나 마가복음에서 이야기하는 믿음은 그 대상이 생략되었다 할지라도 1장 15절이 전체를 관통하고 있습니다. 예수님은 '복음, 예수님, 하나님을 믿는' 믿음을 말씀하시는 것입니다.

수많은 사람이 예수님께 손을 댔지만 혈루병 걸린 여인 한 사람만 병이 나은 것은 예수님이 메시아시니 내 병을 낫게 하실지 모른다는 믿음 때문이지 내 병이 나을 거라는 믿음으로 간절하게 정성껏 만졌기 때문이 아닙니다. 그 여인의 믿음은 예수님이 그리스도라는 믿음이었습니다. 예수님 당시에 수많은 병자가 있었지만 병이 나은 사람들은 모두 이러한 믿음이 있었습니다. 저 분이 내 병을 낫게 해줄 것이라는 믿음과 저 분이 메시아이기 때문에 그가 원하시면 나를 낫게 해주실 수 있다는 믿음은 서로 다릅니다. 그분이 메시아이기 때문에, 그가 원하지 않으시면 내 병이 낫지 않을 수도 있습니다. 그러나 중요한 것은 그분이 메시아라는 믿음입니다.

마가복음뿐 아니라 성경 전체에서 얘기하는 믿음은 내가 믿고 싶은 것을 믿는 것이 아니라 하나님이 어떤 분인지, 그분이 우리에게 무엇을 약속하셨는지, 그분이 우리를 위해 어떤 일을 하셨는지를 전인격적으로 받아들이는 것입니다. 이것이 매우 중요합니다.

오늘날 한국 기독교에 점점 기복주의가 강해지면서 열심히 정성껏 믿으면 하나님이 내가 원하는 걸 들어주실 거라는 생각이 퍼져 있습니다. 그래서 마치 하나님이 항상 우리 믿음을 재고 계시다가 기준을 충족하면 겨우 하나씩 복을 떨어뜨려주시는 인색한 분처럼 오해하고 있습니다. 하나님은 그런 분이 아닙니다.

바울은 로마서에서 하나님은 우리를 위해 자기 아들을 아끼지 않고 내어주신 분인데 어찌 그 아들과 함께 모든 것을 우리에게 은사로 주시지 않겠느냐고 힘주어 얘기했고, 마태복음은 우리가 구하기 전에 이미 우리에게 있어야 할 것을 다 알고 계신 하늘 아버지라고 말합니다. 하나님께는 감기를 고치시는 것이나 암을 낫게 하시는 것이 똑같이 쉬운 일입니다.

사랑하는 가족의 암도 하나님의 뜻이면 낫게 하실 것입니다. 내 믿음이 없기 때문에 가족의 암이 안 낫는 것도, 당사자가 믿음이 없기 때문에 병이 안 낫는 것도 아닙니다. 언제든지 하나님이 고쳐주실 수 있습니다. 그러나 그것이 하나님의 뜻이 아니라면 불러 가시겠지요. 그것도 좋습니다. 하나님이 하나님이시기 때문에 하나님의 뜻이 이루어질 것이라는 믿음이 그리스도인의 믿음입니다.

나는 무엇을 믿는가

그러므로 믿음에서 가장 중요한 것은 믿음 자체가 아니라 무엇을 믿느냐입니다. 내가 믿는 대상에 집중하다 보면 느낌은 따라옵니다. 그 때 '믿어진다'는 표현을 쓸 수 있을 것입니다. 예를 들면, 그림을 하나 볼까요? 동양화 한 폭이 있습니다. 산수화라고 칩시다. 진한 감동이 느껴지시나요? 아마 별 느낌이 없을 겁니다. 그냥 '동양화구나', '산수화네' 할 뿐이지요. 그런데 이 그림에 설명이 붙어 있습니다.

이 그림은 한 구족화가가 자신의 몸이 점차 마비되어서 죽을 날이 가까워진 것을 알고 자기 아이한테 마지막 선물로 남기기 위해 굳어가는 몸으로 혼신의 힘을 다해 완성한 작품입니다.

이걸 읽고 나서 그림을 다시 보면, 그림 자체는 별로 대단한 작품이 아니라 해도 감동이 올라옵니다. 이 짠한 느낌을 '믿어지는 느낌'이라고 해서는 안 됩니다. 그 느낌은 우리의 반응입니다. 그림의 내용을 알고 나면 자연스럽게 생기는 반응인 것입니다.

역사가 깊은 우리나라에는 곳곳에 문화재가 있습니다. 그러나 그 문화재에 대한 지식이 없기 때문에 귀하게 여기기는커녕 때로는 불쏘시개로, 또 때로는 별 볼 일 없는 그릇으로 사용하다가 깨져서 사라지기도 합니다. 혹시 유홍준 교수의 「나의 문화유산 답사기」(창비)를 읽어보셨나요? 그의 책들은 한국 문화에 대한 관심과 사랑을 불러 일으켰습니다. 세상에 둘도 없는 재담가인 유홍준 교수의 설명을 듣다보면, 그냥 굴러가는 돌덩어리에도 감동을 받게 됩니다. 그가 자주하는 말 가운데 하나가 "아는 만큼 느낀다"입니다. 시대적 상황과 그 문화재 뒤에 있는 사연들을 듣고 문화재를 접하면 감동이 더 깊어집니다.

마찬가지로 예수님이 하신 일이 무엇이고 그것이 어떤 의미인지를 우리가 잘 알게 된다면, 그 이야기를 들을 때 우리에게 이와 같은 강렬한 느낌이 일어납니다. 그러나 느낌 자체가 믿음은 아닙니다. 믿음이란, 하나님이 하신 일을 면밀하게 검토할 때 우리가 그것에 반응하는 것입니다. 믿음은 내가 믿고 싶은 것을 믿는 게 아니라, 하나님이 하신 일에 대해 나의 전 인격으로 반응하는 것입니다.

그렇기 때문에 믿음은, 기독교인이나 종교인들만 가지고 있는 것이 아니라 모든 사람이 갖고 있습니다. 무신론자라 해도 그는 신이 없다고 강력하게 믿고 있는 것입니다. 예전에 제 친구들이 저에게 이렇게 말했습니다. "신이 있다는 것을 증명해 봐. 그러면 내가 믿을게." 신을 증명하는 것이 어렵다고 생각한 것이지요.

어릴 때는 저도 그걸 증명하려고 애썼습니다. 그러나 조금 더 공부하고 난 다음에 깨달았습니다. 그래서 누가 묻는다면 저는 이렇게 대답하고는 합니다. "아니, 그러지 말고 신이 없다는 걸 증명해 봐. 그러면 내가 안 믿을게." 신의 존재는 증명할 수 있는 문제가 아닙니다. 세상 삼라만상을 바라보고 이해하면서 '아, 신이 있는 것이 맞구나' 하고 받아들이든지 '역시 신은 없어' 하고 받아들이는 것이지요. 이것은 증명할 수 있는 과학 명제가 아니라 신념체계입니다.

믿음이란, 존재하지 않는 것을 붙잡는 것이 아니라 내 주변과 세상을 바라보면서 알게 된 것들에 인격적으로 반응하는 것입니다. 모든 사람은 믿음을 가지고 있습니다. 하나님을 믿지 않는 친구들도 저마다 세상의 실상에 대해 믿는 바가 있는 것이지요. 단지 그 내용이 잘 정돈되어 있지 않고 통합되지 않아서 상황에 따라 여러 믿음이 혼란스럽게 뒤섞여 사용될 뿐입니다. 그들의 믿음은 그 내용과 대상이 잘못되어 있는 것입니다.

믿음의 내용이란 내가 무엇을 믿고 있느냐를 말합니다. 첫째, 내가 살고 있는 세상은 어떤 세상인가에 대한 믿음이 있습니다. 사람들은 이렇게 말합니다. "살다가 죽으면 끝나는 거지." 이것이 믿음입니다. 살다가 죽으면 정말 다 끝나는 것일까요? 그가 그렇게 믿는 것이지요. 죽으면 이 땅에서 겪던 고통이 다 없어진다고 믿기 때문에 인생이 고통스러운 사람들이 자살을 선택하는 것입니다. 죽으면 고통이 없어지는 것이 아니라 더 큰 고통이 온다고 믿는다면 누가 현재의 고통을 끝내려고 자살을 선택하겠습니까? 그런데 죽으면 고통이 끝난다고 누가 알려주었나요? 증명된 사실인가요? 아무도 모릅니다. 그렇게 믿을 뿐이에요. 내가 살고 있는 이 세상을 어떻게 받아들일 것인가, 이것이 첫 번째 질문입니다.

두 번째 질문은, 나는 누구인가입니다. "인간, 별 것 아니지. 흙에서 와서 흙으로 돌아가는 존재야"라고 말하는 사람과 "나는 하나님의 형상을 가진 존재야. 눈에 보이는 육체가 전부가 아니지"라고 말하는 사람은 다른 믿음을 갖고 있습니다. 우리가 하나님의 형상으로 만들어졌다는 것도, 다른 동물들과 똑같이 흙으로 돌아가는 영혼 없는 존재라는 것도 증명된 사실은 아닙니다. 내가 누구이며 어떤 존재인가에 대한 믿음입니다.

그렇다면, 내 삶의 목표와 이유와 힘은 무엇인가가 세 번째 질문입니다. 내가 무엇을 위해 살고 왜 사는지, 무슨 힘으로 사는지 역시 증명된 것은 없습니다. 세상 사람들은 무엇을 위해 살까요? 어떻게 보면, 화장실 수를 늘리려고 살아가는 것 같습니다. 결혼해서 처음 집을 얻으면 반지하에 들어가기도 하고, 심한 경우 화장실이 집

바깥에 있습니다. 열심히 돈을 벌어서 화장실이 안에 있는 집으로 이사를 갑니다. 반지하에서 지상으로 올라오기도 하고요. 좀 더 살면서 돈을 모으면 아파트로 이사해서 화장실이 두 개가 됩니다. 또 열심히 살아서 더 큰 집으로 옮겨 가면 화장실 수도 점점 늘어납니다. 어떤 사람은 화장실을 네 개쯤 만들고 죽습니다. 죽을 때 집을 이고 가는 것도 아니고 화장실 네 개를 돌아다니면서 쓰는 것도 아닌데, 그 집을 장만하려고 뼈 빠지게 일합니다. 무엇 때문에 그렇게 살아가나요? 삶의 목적이 무엇입니까? 그 답이 그들의 믿음입니다.

마가복음이 말하는 믿음의 내용

주님은 우리가 무엇을 믿어야 하는지를 알려주십니다. 얼마나 복된 일인지요! 그래서 마지막으로, 마가복음이 가르치고 있는 믿음의 내용을 살펴보고자 합니다. 마가복음은 복음을, 예수님을, 하나님을 믿으라고 말합니다. 복음 속에 담겨진 내용을 믿으라고 합니다. 복음이라고 하면 십자가만 생각하는 사람들이 있습니다. 예, 저도 예수님의 십자가를 생각하면 눈물이 납니다. 십자가가 제 신앙의 근본입니다. 그러나 복음은 더 포괄적이고 더 깊습니다.

복음은 세상에 대해서 이야기합니다. 또한 세상뿐 아니라 내가 어디에 속했는지를 이야기해 줍니다. 내가 무슨 힘으로 살아갈 수 있는지도 얘기해 주고 있습니다. "복음을 믿어라"라고 하신 그 복음

속에, 우리가 믿고 살아야 할 핵심 진리가 들어 있는 것입니다. 그래서 "때가 찼다. 하나님 나라가 가까이 왔다. 복음을 믿어라"라는 말씀이 예수님의 중심 가르침인 것입니다. 우리에게 필요한 것들이 복음 속에 다 있습니다.

이 세상은
어떤 곳인가

복음은 때가 차서 하나님 나라가 임한 것을 믿는 것입니다. 이것이 세상에 대한 복음의 관점입니다. 세상은 무의미하게 그냥 흘러가는 것이 아닙니다. 하나님은 깨어진 세상을 바라보시며 오랫동안 기다리셨습니다. 하나님 없이 암중모색하며 살아가는 인간들을 오래 참고 바라보셨습니다. 이스라엘이 세상 사람들에게 하나님을 알려주길 간절히 바라셨지만 그들은 철저하게 실패했고, 땅의 사람들은 모두 절망 가운데 황제의 복음을 따르고 있었습니다. 하나님은 그러한 세상에 하나님 나라를 임하게 하셨습니다. 하나님의 때가 찼을 때 예수 그리스도를 이 땅에 보내셔서 하나님 나라가 시작된 것입니다.

그리스도인들이 세상에 대해 갖고 있는 믿음은 이것입니다. 하나님 없이 신음하며 무의미하게 있던 세상을 하나님이 그냥 내버려두지 않으시고 단호하게 개입하셔서 하나님 나라를 시작하셨다는 것, 그리고 이 나라가 온전하게 이루어질 그 때가 남아 있다는 것입니다. 우리가 살아가는 동안 이 깨어진 세상을 더 깊이 이해할 수 있다면, 하나님이 왜 세상에 개입하실 수밖에 없었는지가 더 분명해집니다. 복음이 왜 좋은 소식인지 드러납니다. 이 관점이 없이는, 세상에 속아서 화장실 수나 늘리기 위해 살아가게 됩니다.

하나님 없이는 이 시대가 얼마나 고통스럽고 슬프고 아픈 곳인지를, 이 세상의 실상을 보시기 바랍니다. 만약 그 고통을 경험하고 있지 않다면 세상 속으로 직접 들어가 볼 것을 권합니다. 중증장애인들이 있는 곳에, 이주노동자들의 모임에, 어린아이들의 입양기관에, 노숙인들이 있는 지하도에, 탈북한 사람들이 모여 있는 북한 국경 지역에 가보십시오. 어쩔 수 없이 고통스러운 삶을 받아들이고 살아가야 하는 사람들을 만나고 그들의 이야기를 들어보십시오. 그곳에 예수님이 계십니다.

이 땅에 오셨던 예수님이 약하고 아픈 사람들을 찾아 만나셨듯이, 오늘도 예수님은 그들 곁에 그들과 함께 계십니다. 그들 때문에, 이 깨어진 세상 때문에 예수님이 이 땅에 오셨습니다. 그리스도인들이 이것을 잊어버릴 때, 좋은 교회 건물 지어놓고 부자 교회 만들어 자기들끼리 행복하게 살면서 주님의 일을 한다고 착각합니다. "복음을 믿어라"라고 할 때 그 복음이 무엇입니까? 이 세상이 소망 없고 깨어졌고 고통스럽고 아프다는 것을 받아들이는 것입니다. 그래서 예수님이 우리에게 좋은 소식인 것입니다.

세상의 깨어진 모습을 이해하기 위해서, 인문·사회과학 서적들을 읽을 것을 추천합니다. 인문과학과 사회과학은 세상을 분석하고 설명하는 학문입니다. 하나님과 관계없는 학문이라고 생각할 수도 있지만, 학자들이 진지하게 세상을 들여다보면서 왜 이렇게 문제가 많고 착취가 심하고 해결이 어려운지를 다 연구해 놓았습니다. 사실 그리스도인들이 해야 할 일인데 하나님을 모르는 사람들이 전부 공부해 놓았습니다. 식량 문제, 육식 문제, 환경 문제, 자본 문제, 아름다움과 정의라는 문제 등 인간이 경험하는 모든 주제를 연구하고 그 결과물을 축적해 놓았습니다. 깨어진 세상에 대한 인문·사회과학 서적들을 읽고 이런 문제를 다룬 그리스도인의 저술들을 읽으십시오. 그래야 그리스도인들이 세상에 대한 인식과 역사의식이 생깁니다.

우리는 세상을 다스리시며 역사를 이끌어 가시는 하나님을 믿는 사람들입니다. 내 영혼만 만져주시는 하나님으로 축소시키지 말아야 합니다. 내 마음도 만져주시지만 나보다 더 아프고 고통스럽고 절망스러운 사람들에게 마음을 쏟으시는 하나님을 발견할 때, 내 고통은 오히려 작아집니다. 우리는 우리 아버지의 땅을 지키고 가꾸어야 할 책임이 있습니다.

나는
누구인가

세상에 대한 복음의 관점은 두 번째 질문, 내가 어떤 존재인가라는 새로운 관점으로 이어집니다. 복음은 우리가 하나님 나라 백성으로 부르심 받았다고 이야기합니다.

처음 만난 사람에게 자신을 소개할 때 대부분은 먼저 소속을 밝힙니다.

"저는 ○○○학교에 다니는 ○○○입니다."

"저는 □□□회사에 다니는 □□□입니다."

그리스도인 버전은 이렇더군요.

"강남에 있는 큰 교회 아시죠? 저는 그 교회에 다닙니다."

"저는 그냥 동네 교회 다녀요."

'그냥 동네 교회' 다닌다는 말에는 열등의식이 배어 있습니다. 사람들은 소속으로 자아정체감을 가집니다. 그런데 복음은 우리를 하나님 나라에 들어가게 했고 하나님의 가족이 되게 했습니다. 하나님을 아버지라고 부르는 사람이 되게 했습니다. 그 소속감 때문에 우리는 새로운 정체감을 갖게 된 것입니다. 이제 가정도, 직장도, 교회도 내 궁극적인 소속이 아닙니다. 나의 궁극적인 소속은 하나님 나라입니다. 우리는 하나님께 속해 있습니다.

우리가 복음을 믿는다는 것은, 나를 구원하셔서 하나님 앞에 세우신 십자가의 복음뿐만 아니라 십자가의 복음으로 하나님의 자녀가 되어서 이 땅에 이미 임했지만 아직 완전히 임하지 않은 하나님 나라의 운동원으로 살아간다는 것을 믿는 것입니다. 제가 십자가의 복음을 가볍게 여기는 것이 아닙니다. 예수님이 나를 위해 죽으신 사건은, 내가 이 땅에 사는 동안 세상에 속하지 아니하고 하나님 나라에 속해서 내 인생을 통해 하나님 나라를 드러내도록 하시려고 죽으신 것입니다.

이 땅을 사는 누구든지 자기 역량이 크든 작든 상관없이 각자 분량에 맞게 하나님 나라의 운동원으로 살아가는 것이 하나님의 뜻입니다. 그러므로 우리 각 사람은 대단한 사람들입니다. 우리 인생으로 하나님 나라를 보여주는 사람들이니까요.

이 대목에서 특별히 살펴볼 말씀이 있습니다. 마가복음 10장 29-30절입니다.

> 예수께서 이르시되 내가 진실로 너희에게 이르노니 나와 복음을 위하여 집이나 형제나 자매나 어머니나 아버지나 자식이나 전토를 버린 자는 현세에 있어 집과 형제와 자매와 어머니와 자식과 전토를 백 배나 받되 박해를 겸하여 받고 내세에 영생을 받지 못할 자가 없느니라.

예수님과 복음을 위해 이 땅에서 이러이러한 것을 버린 자는 현세에 이런저런 것을 받고 내세에 영생을 받지 못할 자가 없다고 나와 있습니다. 그런데 재미있게도, 예수님과 복음을 위해 우리가 버리는 목록과 다시 받을 목록에 약간 차이가 있습니다. 버린 목록에는 있는데 돌려받는 목록에는 없는 항목이 있습니다. 무엇일까요?

찾으셨나요? 바로 아버지입니다. 목록이 길어지다 보니 예수님이 실수하신 걸까요? 그뿐 아니라 예수님을 위해 다 버리고 고난당한 사람이 어떻게 백 배나 받는다는 걸까요? 돌려받기는커녕 고난받다 끝난 사람이 한둘이 아닌데요. 스데반을 보아도, 다 버리고 박해까지 받다가 돌 맞아 죽어버렸는데 무엇을 돌려받았다는 걸까요?

이 본문을 이해하기 위해서는 돌려받는 목록에서 아버지가 빠진 것을 기억해야 합니다. 우리가 아버지를 버렸을 때 아버지를 백 배로 돌려받지 않는 것은 하나님 아버지가 우리 아버지이기 때문입니다. 예수님의 어머니와 동생들이 예수님을 찾으러 왔을 때(막 3:31-35)에도 예수님이 "누구든지 하나님의 뜻대로 행하는 자가 내 형제요 자매요 어머니"라고 하셨는데 여기서도 아버지가 빠져 있습니다. 우리가 돌려받는 것은 주님을 위해 포기한 집과 형제, 자매, 부모, 자식, 전토의 백 배가 아니라 하나님의 가족입니다. 우리가 이 땅에서 백 배나 돌려받는 것, 그것은 교회입니다.

교회, 나의 고민 나의 사랑

이 땅에 하나님 나라가 임하여 우리에게 주어진 하나님의 가족이 실제로 드러나는 것이 교회입니다. 우리가 주님을 위해 모든 것을 버렸을 때 주님이 우리에게 하나님의 공동체를 주신다는 것입니다. 실망하셨나요? 그러나 교회는 매우 중요합니다. 이 중간기에 하나님 나라를 드러내는 하나님의 공동체이기 때문입니다. 교회가 하나님 나라를 드러내는 역할을 제대로 감당하면 세상 사람들은 교회를 통해서 하나님 나라로 급속도로 들어올 것입니다. 그렇다면 교회가 자기 역할을 제대로 하지 못하면 어떻게 될까요? 세상 사람들이 하나님 나라로 들어오지 못합니다.

마태복음 16장에서 예수님이 교회에 대해 "내가 이 반석 위에 내

교회를 세우리니 음부의 권세가 이기지 못하리라"라고 하시고 이 교회에 천국 열쇠를 주겠다고 말씀하셨습니다. 천국 열쇠를 가졌다는 것은 천국으로 들어가는 문을 교회가 지키고 있다는 뜻입니다. 그런데 교회가 문을 닫아버리면 세상 사람들은 하나님 나라로 들어갈 수가 없습니다. 하나님 나라에 속한 우리는 하나님이 이 땅에 세우신 공동체인 교회에도 속해 있습니다. 교회를 통해서 우리가 해야 할 일은 세상 사람들이 하나님 나라로 밀려들어올 수 있도록 천국 문을 활짝 열어젖히는 것이지요! 이것이 교회에 주신 영광스러운 비전입니다.

그런데 한 가지, 대학 시절에 선교단체 활동을 하는 청년들이 주의해야 할 것이 있습니다. 선교단체에서 만난 친구들은 평생의 동역자입니다. 대학 시절을 함께 보내면서 공동체가 무엇인지를 맛보게 됩니다. 그런데 여기서 끝나면 안 됩니다. 대학을 졸업한 후에는 각자가 속한 지역 공동체로 흩어지게 될 것입니다. 그래서 대학 기간에 해야 할 일이 두 가지 있습니다. 첫째는 하나님이 말씀하신 공동체가 무엇인지를 경험하고 배워나가는 것입니다. 아마 선교단체를 통해서 공동체 생활의 기쁨과 가능성을 맛보게 될 것입니다. 그리고 둘째는, 내가 뿌리를 내릴 지역 공동체를 찾고 준비하는 것입니다.

저는 청년 사역을 하면서 굉장히 많은 젊은이들을 만났고, 그들이 앞으로 하나님을 위해 잘 쓰임 받을 것을 기대했습니다. 그런데 10년, 20년이 지나고 만나 보면, 하나님 나라를 위해 역동적으로 살고 있는 소수를 제외하고는 상당히 많은 사람이 그저 그런 그리스도인으로 전락해 있었습니다. 무척 고통스러웠습니다. 제 젊은 시절을 들여서 섬긴 그들 가운데 세월이 지나 살아남은 자가 많지 않은 것입니다. 그런데 그들이 살아남지 못한 이유를 살펴보니, 졸업한 이후에 그들에게 공동체가 없었습니다. 지역에서 함께 하나님 나라 운동을 해나가는 공동체가 없었습니다. 지금 열심히 하나님 나라 일꾼으로 훈련받고 있는 청년들이 과연 10년, 20년 후에도 하나님 나라 일꾼으로 살아남아 있겠습니까?

가능한 한, 여러분이 속한 지역 교회에 남아서 그 교회를 든든히 세우십시오. 그러나 기도하십시오. 여러분이 속한 그 지역 교회가 여러분의 힘으로 변화될 수 없다고 판단된다면, 깊은 기도 가운데 여러분이 뿌리를 내릴 수 있는 공동체로 옮기는 것도 생각해 보셔야 합니다. 저는 교회를 쉽게 옮기는 것을 찬성하지 않습니다. 쉽게 수평이동하는 사람들을 환영하지 않습니다. 그러나 얼마나 많은 사람이 자기 교회가 변화되길 기도하고 애쓰다가 끝내 지쳐서 힘을 잃어버리는지 모릅니다. 기도하십시오. 어떤 사람은 교회에서 순교하듯 남아 있어야 하고, 어떤 사람은 평생 헌신할 공동체를 찾아 옮겨야 할 것입니다. 지금은 그만큼 심각한 상황입니다.

사방에서 교회가 무너지고 있습니다. 교회가 교회다움을 잃어버리고 있습니다. 교회에 교회의 영광스러운 비전이 사라지고 있습니다. 그 결과, 세상 사람들이 하나님 나라로 들어가지 못합니다. 교회가 문을 닫아버렸기 때문입니다! 끔찍한 일입니다. 만약 단지 개인의 신앙생활을 위해 더 좋고 편한 교회를 찾아 움직인다면 하나님은 기뻐하지 않으실 것입니다. 그러나 하나님 나라 운동을 위해서 동역자들이 한 교회에 모인다면, 모여서 분란을 일으키는 것이 아니라 교회가 건강하게 부흥하도록 10년쯤 함께 버틴다면, 밀알처럼 썩어 교회 속으로 들어간다면 하나님은 그들을 기뻐하실 것입니다. 모여야 합니다. 제각기 분산되어서는 살아남지 못합니다.

건강한 교회, 하나님 나라 운동의 전초기지

복음을 받아들였을 때, 복음을 믿었을 때, 우리는 하나님 나라에 속해서 하나님 나라 운동원으로 산다는 것을 믿는 것입니다. 그냥 교회나 출석하고 헌금이나 내겠다고 다짐한 것이 아닙니다. 우리는 교회를 통해서 하나님 나라를 드러낼 사람들입니다. 그런데 만약 내가 속한 교회가 도덕적으로도 옳지 않고, 성경의 진리 위에 바르게 서 있지도 않다면, 그곳에서 하나님 나라 운동이 나를 통해 이루어지기 힘들 것입니다. 이것은 매우 조심스럽지만 그만큼 심각한 이야기입니다. 이 어려운 이야기를 제가 굳이 하는 것은, 여러분 한 사람 한 사람이 하나님 나라 운동의 아주 중요한 주체들이기 때문입니다. 기도하십시오. 여러분이 속한 지역 교회를 위해서, 눈물로 기도하십시오. 하나님의 인도하심을 따라 기도하다가, 내 유익이 아닌 하나님 나라의 유익을 위해 주님이 떠나게 하시면 공동체를 옮기십시오.

이런 얘기를 하는 것이 고통스럽습니다. 그렇지만 할 수밖에 없는 이유가 있습니다. 저는 불신자들에게 관심이 참 많습니다. 불신

자들을 만나서 그들이 하나님을 믿지 못하는 이유를 물어봤을 때 가장 많이 나오는 대답이 무엇인지 아십니까? 하나님을 안 믿는 데 가장 영향을 많이 주는 원인은, 성경이 믿을 만하지 못해서라든지 성경의 기적을 믿을 수 없어서라든지 진화론을 믿기 때문이 아닙니다. 40-50퍼센트가 교회와 그리스도인 때문에 못 믿겠다고 답합니다. 이것이 우리 현실입니다. 우리가 아무리 하나님 나라를 이야기해도 하나님 나라는 말이 아니라 실재로, 역사 속에 드러나야 합니다. 그것이 교회입니다.

교회를 세워야 합니다. 교회를 위해서 예수님이 십자가에 못 박혀 죽으셨습니다. 교회의 부흥과 회복을 위해서, 건강한 교회가 이 땅에 세워지는 일을 위해서 여러분의 인생을 드리십시오. 하나님이 여러분에게 간절히 원하시는 것이 이것입니다. 하나님 나라를 드러내는 삶을 꿈꾸십시오. 여러분이 40세, 50세가 되었을 때에는 여러분이 속한 교회가 지역 사회와 주변 사람들에게 하나님의 살아 계심을 증명해 보여주는 전시장이 되는, 그런 비전을 가져주십시오.

사실 저는, 미국으로 유학을 떠날 때 깊은 절망감에 빠져 있었습니다. 대학교 2학년 때 교회 청년부에서 회장이 되었는데, 그 어린 나이에 부흥을 경험했습니다. 청년부 15명 중에 제 친구랑 둘이 후보로 나가서 제가 회장이 되었는데, 이후 6개월 동안 30-40명이 회심을 했습니다. 매주 2-3명씩 회심하는 사람이 있었습니다. 그해 여름수련회에 80명이 참석했습니다. 15명에서 80명이 된 것입니다. 그런데 우리는 아무것도 몰랐고, 가르쳐주는 사람도 없었습니다. 우리가 가지고 있는 것은 예수 그리스도에 대한 아주 단순한 복음뿐이었습니다. 그 때는 하나님 나라의 사상도 잘 몰랐습니다. 예수님이 나를 위해 돌아가셨다는 그 사실 하나를 진실하게 나눌 때 친구들이 회복되는 놀라운 일들이 일어났습니다. 그런데 교회가 이걸 도와주지 못했습니다. 정말 죄송스럽지만, 우리가 토요집회를 할 때마다 청년부 담당 목사님이 바쁘셔서 못 오시기를 바랐습니다. 오셔서 메시지를 전하시면 그날 예배가 어려워졌으니까요.

교회가 지원해 주지 않자 2년 정도 지나면서 청년부는 다시 줄어들기 시작했습니다. 이 때 저는 껍데기밖에 없는 교회에 절망했습니다. 그리고 젊은이들에게 복음을 전하고 성경을 가르치는 선교단체 간사가 되어서 5년간 사역했습니다. 그런데 5년 동안 사역하고 나니까 한계가 보이기 시작했습니다. 캠퍼스에서 4년 동안 한 사람을 변화시켜봤자 졸업하고 나가면 너무 많이 넘어지고 살아남는 사람은 얼마 없었던 것입니다. 선교단체는 지역 교회가 아니니까 졸업한 사람들을 지역 교회로 보내야 하는데, 보내면 다 죽어버렸습니다. 고민이었습니다. 지역 교회에 절망했고, 학생 운동의 한계를 봤으니까요. 그렇게 미국으로 공부하러 떠났습니다.

미국에서 공부하는 동안 제가 다닌 학교에서 가까운 한 교회에 갔습니다. 윌로우크릭 교회(Willow Creek Community Church)였습니다. 몇 년 전부터 한국에 소개되면서 관심을 받고 있습니다만, 제가 그곳에서 도전받은 것은 그 교회의 잘 짜인 프로그램이나 눈에 띄는 화려함이 아니라 성경이 가르치는 교회가 실제로 가능하다는 사실이었습니다. 그래서 성경을 다시 보기 시작했습니다.

교회가 하나님의 뜻대로 건강하게 세워지는 것, 우리가 할 수 있습니다. 한국 교회에서는 안 된다고요? 그건 믿음이 없는 것입니다. 우리가 복음을 믿는다는 것은, 하나님이 교회를 통해 적극적으로 하나님 나라 운동을 하신다는 것을 믿고 내가 그 속에서 하나님 나라 운동원으로 살겠다고 고백하는 것입니다. 그것이 내 소속이고 내 정체감입니다.

오늘을 살아갈 힘을 어디에서 얻는가

마지막으로 예수님이 내 삶의 목표이고, 이유이고, 힘이십니다. 예수님이 나에게 복음인 것을 믿는 것입니다. 예수님과 복음이 우리 인생의 최우선 순위입니다.

오늘 아침에 눈을 떴을 때 어떤 생각을 하셨습니까? 제 소망은 매일 아침 눈을 뜰 때 첫 생각이 "주님, 오늘도 주님과 함께 어떤 인생을 살까요?"가 되는 것입니다. 여러분이 아침에 눈을 떴을 때 가장 먼저 생각나는 분이 예수님이길 간절히 바랍니다. 그러려면 잠들기 전에 예수님을 백 번쯤 부르고 자야 할까요? 아닙니다. 예수님 생각이 떠오른다는 것은 예수님이 우리에게 주신 그 사랑과 놀라운 비전과 앞으로 펼쳐질 일들에 대한 기대감이 있다는 것입니다. 단순히 아침에 일어나서만이 아니라, 우리 삶 전체에서 예수님이 최우선

순위가 되기를 바랍니다. 이성교제를 할 때, 직장을 선택할 때, 배우자를 선택할 때, 교회를 선택할 때, 우리가 내리는 모든 결정의 최종 권위가 예수 그리스도께 있기를 바랍니다.

그러기 위해서는 예수님을 알아야 합니다. 예수님이 어떤 관심을 갖고 계시며 지금 어디로 가고 계신지를 모른다면 예수님이 첫째 우선순위가 되실 수도 없습니다. 그러므로 예수님을 알기 위해서 사복음서를, 서신서를, 신약 전체를, 성경을 열심히 읽고 통째로 씹어서 드십시오. 언제나 성경을 갖고 다니며 늘 볼 수 있게 하십시오. 들고 다니기 힘들면 가는 데마다 성경을 둘 수도 있습니다. 화장실에, 서재에, 도서관에, 내가 가는 곳이면 어디든지 언제든 성경을 볼 수 있게 비치해 두면 됩니다.

저는 대학 때 4년 동안 항상 성경책을 들고 다녔습니다. 대학 때 들고 다닌 성경이 두 권인데, 두 권 모두 읽어서 헐은 게 아니라 들고 다녀서 표지가 다 헐었습니다. 안쪽도 물론 닳았지만요. 성경을 들고 다니면서 시간이 될 때마다 예수님을 묵상해 보십시오. 성경을 그냥 쓱쓱 읽지 말고 그 속으로 들어가서 보면, 예수님이 보입니다. "예수님이 우리 삶의 목표"라는 것이 그냥 듣기 좋은 말로 그칠 것이 아니라, 예수님이 정말 심오하고 매력적인 분이라는 것을 발견하시기 바랍니다.

예수 그리스도가 삶의 목표가 되시면, 우리 인생은 달라집니다. 친구를 만나서 나누는 대화의 대부분이 예수님을 만나고 깨달은 나눔으로 가득하기를 바랍니다. 그리고 예배드릴 때 진정으로 예수님을 예배하기를 바랍니다.

진실한 예배

기독교 영성에는 예수님을 깊이 묵상하기 위해서 짧은 노래를 반복해서 부르는 전통이 있습니다. 노래에 취해서 예수님을 잃어버릴 위험이 많기 때문에 짧고 단조로운 가락으로 부르는 것입니다. 때로는 완벽하게 받쳐주는 반주 없이 겸손하게 목소리로만 찬양하는 것도 좋습니다. 때때로 침묵하기를 바랍니다.

남자와 여자가 데이트할 때, 남자가 여자에게 "너 참 예쁘다, 눈도 예쁘고 머리도 예쁘고 옷도 예쁘고 어쩜 이렇게 다 예쁘니?" 이렇게 말하면 여자가 기분 좋겠지요. 그런데 다음에 만났을 때도, 정말 예쁘다고 말하고, 만날 때마다 펄쩍펄쩍 뛰면서 예쁘다고 칭찬하고 놀라워하면, 여자가 어떻게 생각할까요? '이 사람, 좀 이상한 거 아냐?' 하고 생각할 겁니다. 그런데 정말 예쁘면, 남자들이 여자를 보고 가만히 있습니다. "아, 참…… 예쁘다……." 가끔은 말도 못하고 그저 바라만 봅니다.

예수님도 똑같습니다. 어떻게 예수님을 만날 때마다 "와, 정말 좋아요! 사랑해요! 예수님은 내 친구! 최고!" 소리 지르면서 방방 뛰겠어요? "예수는 내 친구……" 부르다가 죄송해서 차마 노래를 못 불러야 정상이지요. 가끔은 "주님, 주님이 저를 친구라고 부르시는 것을 감당치 못하겠습니다" 하고 가만히 입 다물고 있는 것이 당연합니다. 주위에서 모두 "주님은 내 친구"라면서 기뻐하고 뛰고 있어도, 하나님 앞에서 진실하게 멈춰 서서 "하나님, 제가 이 고백을 진심으로 할 수 있기를 바랍니다" 하는 용기를 내시기 바랍니다.

우리가 부르는 찬송 중에는 감히 입에 담을 수 없는 가사가 얼마나 많은지 모릅니다. 진심으로 부른다면 차마 부를 수 없는 찬송입니다. 과연 우리가 제정신으로 진심으로 부르고 있는지, 점검해야 합니다. 마음이 담기지 않은 '입술의 찬양'을 하나님은 별로 기뻐하지 않으십니다. 우리의 예배는 어떤 때는 침묵하기도 하고, 회개하기도 하고, 어떤 때는 무릎 꿇기도 하고, 또 어떤 때는 누가 뭐라고 하든 기뻐하며 방방 뛰기도 하고, 때마다 다르게 드리는 것이 진짜 예배입니다. 살아 계신 예수님 앞에서 드리고 있기 때문입니다.

진정한 예배를 드리십시오. 요즘 청년 집회들은 예배가 굉장히 뜨겁고 모든 사람이 일어나서 열정적으로 뛰면서 찬양을 부르는데 거기 예수님이 계신지 의문이 들 정도입니다. 그 정도의 열기와 열정적 헌신이면 예배 끝나고 나가서 세상을 전복시켜야 하는데, 예배가 끝나는 동시에 열기도 헌신도 끝나버리기 때문입니다. 실체가 없는 예배였던 것입니다.

예수님을 전하는 일

예수님이 우리에게 최우선순위라는 것은 살아 있는 예수님 앞에서 그분에 대한 살아 있는 지식과 살아 있는 인격으로 진실하게 반응한다는 것입니다. 우리 삶에 예수님이 최우선순위가 되도록 애써야 합니다. 그렇게 된다면 우리는 당연히 예수님과 복음을 전하게 될 것입니다. 마가복음에는 복음을 선포(전도, 전파)했다는 말씀이 열 번 넘게 나오는데 그중 예수님이 선포하신 경우는 두 번뿐입니다. 1

장 38-39절에서 예수님이 선포하신 이후로는 놀랍게도 중풍병자가, 귀신들렸던 자가, 사람들이 선포합니다. 예수님의 은혜를 받은 사람들이 선포의 주체가 되는 것입니다. 예수님의 은혜를 받은 여러분은 캠퍼스에서, 직장에서, 가정에서, 사회에서 예수님을 적극적으로 전하시기를 바랍니다. 실험해야 합니다. 상처받을 준비를 해야 하고, 실패할 생각도 해야 합니다.

우리는 점점 예수 믿은 사람들을 제자로 길러내기만 하는 것 같습니다. 어떻게든 불신자들에게 이 좋으신 예수님을 전하려고 고민하시기 바랍니다. 실패요? 당연히 할 겁니다. 쉽지 않은 일입니다.

대학 다닐 때 사회학과에 그리스도인 모임을 만들었는데 저희 반 60명 가운데 예수님을 믿는 사람은 세 명밖에 없었습니다. 그 외에는 모두 운동권 학생들이었지요. 그런데 제가 4학년이 되었을 때 그 60명 중에서 저와 성경공부를 한 사람이 30명 가까이 되었습니다. 그리고 그중에서 16명 정도가 회심했습니다. 사회학을 공부하는 이 친구들한테는 사영리로만 얘기해서는 안 됩니다. 변증해야 합니다. 기독교를 설명하고 논쟁해야 합니다. 그 친구들 가운데서 깨어 살아 있어야 합니다.

제가 젊은 시절에 그런 경험을 한 것은 하나님 앞에서 참 축복입니다. 그 후에 간사가 되었을 때, 갑자기 제 긴장도가 떨어지는 것을 발견했습니다. 그 때부터는 그리스도인 속에서 살기 시작했기 때문이지요. 그 전에는 세속사회 속에 있었기 때문에 사람들이 나를 통해 하나님을 볼 거라고 생각해서 늘 긴장하며 날이 서 있었습니다. 제 가방에는 언제나 대여섯 종류의 복음전도지와, 문과생이 읽을 만한 작은 책자가 준비되어 있었습니다. 언제든 필요할 때 나누기 위해서였습니다.

예수님을 사랑하는 형제자매 여러분께 간곡히 부탁합니다. 여러분이 정말로 예수님 때문에 살아났고, 예수님 때문에 꿈을 꾸기 시작했고, 예수님이 삶의 목표이고 힘이라면, 그렇다면 예수님을 전하십시오. 되든 안 되든, 실패하고 말이 막히고 무시당하더라도 진실하게 예수님을 전할 때 우리 주변에 있는 사람들이 주님께로 돌아오기 시작합니다. 복음을 믿는다는 것은 예수님이 우리의 최우선순위라는 것을 진심으로 믿고, 그렇기 때문에 예수님을 알아가고 누리고 예배할 뿐만 아니라 예수님을 전하는 일에 최선을 다하는 것입니다.

믿음은……

믿는다는 것은 내가 믿고 싶은 것을 믿는 것이 아닙니다. 그리스도인이 믿는다고 할 때 믿음은 하나님을, 예수님을, 복음을 믿는 것입니다. 그럴 때, 능치 못할 일이 없습니다. 하나님을 조작하기 위해서 믿는 것이 아닙니다. 그분은 절대로 조작당하지 않으십니다. 우주를 다스리는 하나님이십니다.

우리가 믿는 것은 바로 이 세상이 하나님께서 단호하게 개입하셔야 하는 상황이고 실제로 하나님이 개입하셔서 새로운 시대가 열렸고 하나님 나라가 임했다는 것입니다. 아직 완전한 나라가 임하지 않았지만 이미 그 나라가 임한 세상이라는 것을 믿는 믿음입니다. 그뿐 아니라 이 세상 속에서 하나님 나라를 살아내도록 주님이 우리를 도우신다는 것, 내가 하나님 나라의 백성이자 운동원으로 산다는 것을 믿는 것입니다. 교회를 통해서 하나님을 이 땅에 드러내 보이는 것이 내 사명이라는 것을 정말 믿는 것입니다. 이 모든 것을 가능케 하시는 분이 바로 예수 그리스도라는 것을 믿어서 그분이 내 삶에 최우선순위가 되고, 그분을 알아가고 예배하고 전하는 일에 내 혼신을 다 드리는 것입니다.

여러분은 이 모든 것을 가능케 하시는 예수님을, 그분의 복음을 믿으십니까?

나가며
마지막 당부

저는 한국 교회에 대해 굉장히 절망적인 마음을 갖고 있습니다. 1980년에 대학을 들어갈 때 이미 한국 교회가 쇠퇴하고 있다고 느끼기 시작했습니다. 캠퍼스의 젊은이들이 한국 교회에 보이는 반응이 상당히 냉소적이고 부정적이었기 때문입니다. 그 때 이후로 한국 교회는 계속해서 쇠락하고 있습니다. 한국 교회가 회복될 수 있을까요? 하나님의 은혜가 있다면, 혹시 가능할지도 모르겠습니다.

2000년에 교회를 개척하려고 준비하기 시작했지만 그 때도 제 마음은 절망적이었습니다. 우리 하나님은 정말 좋은 분인데, 우리 예수님은 기가 막히게 멋진 분인데, 복음은 제대로만 설명해 주면 안 믿을 사람이 없는 놀라운 소식인데, 한국 교회가 빗장을 걸어 잠그고 사람들이 하나님 나라에 들어가는 것을 막고 있으니 이 상황을 뒤집을 수가 있겠는가 싶은 절망이었습니다.

그 때쯤 충청도 중원에 있는 문화유적을 구경하러 갈 일이 있었습니다. 미륵사지에 갔는데, 석굴암처럼 석실이 있고 그 안에 큰 마애석불이 서 있습니다. 미륵불이었습니다. 미륵불을 둘러싼 석실은 커다란 돌들을 쌓아서 6미터 높이의 석축을 만들고 그 위에 둥그런 목조 지붕을 얹었다고 하는데 지금은 석축만 남아 있습니다.

석축을 쌓은 돌은 각 변의 길이가 1미터가 넘는 거대한 크기로, 이 돌들을 벽돌 쌓듯이 쌓아놓았습니다. 정말 대단합니다. 저 돌덩어리를 어떻게 잘랐을까 궁금해지더군요. 그 때 마침 어떤 분이 설명을 하고 계셨습니다. "여러분, 저 돌을 어떻게 자르는지 아십니까? 돌의 모서리를 잘 보십시오." 그래서 살펴보니 과연 모서리에 톱니처럼 군데군데 이가 들어가 있습니다. 그 옛날에 돌을 자를 때는, 돌의 결을 따라 한 치 깊이의 구멍을 파고 그 구멍에 마른 참나무 못을 박았습니다. 그 위에 물을 부으면 참나무 못이 팽창합니다. 그리고 어느 순간 거대한 바위가 쩍 갈라집니다.

이 이야기를 듣고 그날 저는 절에서 은혜를 받았습니다. 당시 저는 한국 교회를 깰 수 없는 바위라고 생각하고 있었습니다. 교회를 시작하겠다고 했지만 과연 이 절망적인 상황을 이길 수 있을지 기대할 수 없었습니다. 그런데 그날, 하나님이 저에게 말씀하신 것입니다. "네가 있는 곳에서 구멍을 파고 들어가라. 참나무처럼 물을 머금고 거기 있어라. 너와 같이 물을 머금고 구멍 속에 들어간 이들이 결을 맞춰 바위 속에서 견딘다면, 때가 되었을 때 이 거대한 바위가 쩍 갈라질 것이다."

그것이 하나님 나라의 비밀입니다. 겨자씨가 그렇게 일하지 않습니까? 지극히 작은 것이지만 땅에 떨어져 자기 몸을 버려서 열매를 맺습니다. 이 글을 읽은 여러분이, 사랑하는 젊은 형제자매들이 그런 면에서 제 동역자가 되어주실 것을 간곡히 부탁합니다.

눈을 뜨고 정신을 차리고 우리가 속한 한국 교회의 상황과 사회, 세상을 바라보고, 이 세상을 변화시키기 원하시는 예수님을 믿고 그 복음을 믿고 그 비전을 믿고 따라가는 하나님 나라의 동역자가 되시기를, 그래서 예수님이 "때가 찼고 하나님 나라가 가까이 왔으니 회개하고 복음을 믿어라" 하신 그 말씀을 마음에 새기고 인생을 살아가는 여러분이 되시기를 성부 성자 성령의 이름으로 축원합니다. 아멘.

동역자 스터디 가이드

    책을 읽는 것도 유익하지만 읽은 내용을 가지고 함께 이야기를 나누면 그 유익이 극대화됩니다. 지식을 습득하는 것보다 그 지식을 자신의 것으로 소화하는 것이 더 중요합니다. 이미 임한 하나님 나라의 백성으로서 하나님 나라의 비전으로 자신의 삶을 만들어가고자 하는 청년들에게 도움을 주고자 몇 가지 질문들을 마련했습니다.

    가능하면 전체를 다 읽고 이야기를 나누기보다 각 장이 끝날 때마다 읽은 내용을 다시 곱씹어보며 이야기 나누기를 추천합니다. 이를 위해 정기적으로 6번 이상 만나 함께 이야기를 나눌 그룹을 만들어 보십시오. 그룹의 인원 수에 따라 다르겠지만, 3-4명이 모일 경우 최소 30분가량의 시간이 소요됩니다. 인원 수는 8명을 넘지 않는 것이 좋고, 인원이 많을수록 그만큼 시간을 길게 확보해야 할 것입니다. 만약 혼자서 이 책을 읽는다면 아래의 질문들에 대해 생각해 보고, 생각한 내용을 적는 것이 유익합니다.

    이 시간에는 주어진 질문을 중심으로 각자 깨달은 내용을 나누되 자신의 삶에 적용할 지점을 찾는 것이 중요합니다. 이 시간이 단지 사상과 개념과 정보만 교환하는 시간이 되지 않도록 애써주시기를 당부합니다. 성경과 책을 함께 읽고 깊이 생각한 이후에 나눔을 갖도록 서로를 격려해 주십시오.

모임에서 대화나 성찰을 나눈 이후에는 반드시, 마음 속에 새긴 것을 가지고 하나님 앞에 나아가 기도하는 시간을 가져야 합니다. 각 장의 마지막 질문으로 제시된 기도제목을 가지고 함께 또 홀로 기도하십시오. 머리로만 들어간 지식은 사람을 살리지 못하기 때문입니다. 머리로 들어가 마음을 통해 내 입술로 하나님께 토해 놓은 지식이어야 살아서 우리 손과 발을 통해 세상 속에서 하나님을 드러내는 하나님 나라 백성의 삶을 살게 합니다.

이 질문들을 전 인격으로 읽어내고 답하는 가운데, 하나님 나라가 여러분의 삶을 통해 견고하게 세워져 가기를 기도합니다.

1장.
때가 찼다

1. 나는 지금 인생에서 어떤 "때(크로노스적 시간과 카이로스적 시간 모두)"를 지나가고 있습니까?

2. 세 가지 영적 성장 단계의 특징은 무엇입니까? 나는 현재 그 중 어느 단계에 있으며, 그 이유는 무엇입니까?

3. 예수께서 이 땅에 오신 것은 하나님께서 바로 그 때(호 카이로스)에 역사 속에 개입하신 것입니다. 이 사건이 나에게는 어떤 의미로 다가옵니까?

4. 나에게는 예수께서 찾아오신 그 때가 언제였습니까? 그 이후 나의 인생에는 어떤 변화가 있었습니까?

5. 함께 기도하기 : 예수께서 우리 인간의 역사 속에 찾아오신 것을 찬양합시다. 또한 나의 인생에 개입하신 때를 기억하고 함께 감사합시다. 만약, 아직 그 때를 경험하지 못한 사람이 있다면, 이 책을 함께 공부하는 동안 그 때가 임하기를 바라며 서로를 위해 기도합시다.

2장.
하나님의 나라가

1. 나는 내 인생의 목표나 비전에 대하여 어떻게 생각하고 있습니까? 본문에 나온 가수 장기하의 노래 "별일없이 산다"에 그려진 청년들의 모습에 대해 어떻게 생각합니까?

2. 구약에서 신약으로 이어지는 '하나님 나라'의 흐름과, 예수께서 선포하신 하나님 나라의 의미를 설명해 보십시오.

3. 하나님 나라에 초대된 사람들의 특징은 무엇입니까? 나에게는 어떤 면이 있고, 또 어떤 면이 부족한지 나누어 보십시오.

4. 인간의 나라에 속할 것인지 하나님 나라에 속할 것인지는 양자 택일의 문제입니다. 이 중요한 선택과 결단이 나의 삶 속에서는 어떻게 이루어지고 있습니까?

5. 함께 기도하기 : 예수님의 중심 사상이자 성경의 중심 가르침인 하나님 나라에 대해 새롭게 깨달은 것이 있다면 감사하고, 또한 평생 동안 하나님 나라를 더욱 깊이 알아가도록 기도하십시오. 하나님 나라에 초대된 사람으로서 나는 어떻게 응답할 것인지 진실하고 용기있게 결단하고, 그에 따르는 구체적 삶을 위해 기도하십시오.

3장.
가까이 왔다

1. 오노다 히로의 이야기를 되새겨 보십시오. 그의 모습과 이미 임한 하나님 나라를 발견하지 못하고 사는 오늘날 많은 이들의 모습은 어떤 점에서 닮아 있습니까?

2. 이미 임했으나 아직 임하지 않은 하나님 나라에 대해서 정리해 보십시오. 마가복음의 두 비유를 통해서 이 하나님 나라의 특징을 다시 확인해 보십시오.

3. 하나님 나라의 관점에서 볼 때, 구원의 세 시제란 무엇을 의미합니까? 그에 따르면 지금까지 내가 생각하던 구원은 어떻게 보완되어야 합니까?

4. 우리가 살고 있는 중간 시대에 교회와 성령의 역할은 참으로 중차대합니다. 교회와 성령의 중요성과 역할에 대해서 이야기 나누어 보십시오.

5. 함께 기도하기 : 우리가 이미 하나님 나라에 들어간 존재라는 사실을 함께 기뻐하며 감사하는 기도를 드리십시오. 나와 우리가 그 나라가 온전히 임하기를 기다리며 살아가도록, 그리고 각자의 삶을 통해 그 나라를 이 땅에 임하도록 할 것을 위해 기도합시다.

4장.
회개하여라

1. 건강한 회개가 갖추고 있어야 할 세 가지 특징은 무엇입니까? 지금까지 내가 생각했던

회개와 다른 점은 무엇입니까?

2. 마가복음은 여러 측면에서 회개를 다루고 있습니다. 먼저 나의 주 관심사와 예수님의 관심사는 어떤 차이가 있습니까? 이 부분에서 내가 진정으로 회개해야 할 내용은 무엇입니까?

3. 하나님 나라 백성으로서 내가 관계에 대해서 세상 사람들과 다르지 않은 모습이 있었다면 무엇입니까? 나의 관계에서 변화되어야 할 부분은 무엇입니까?

4. 지금까지 나에게 예수님은 어떤 분이셨습니까? 그분을 잘못 알고 잘못 대한다면, 그것은 나에게 재앙입니다. 예수님을 대하는 나의 인식은 무엇을 회개하고 어떻게 새로워져야 합니까?

5. 함께 기도하기 : 지금까지 회개에 대해서 잘못 알고 있었던 부분을 회개하십시오. 세 가

지 영역 각각에 대해 회개할 제목을 나누고, 자기 자신과 서로를 위해 각각의 제목을 가지고 회개의 기도를 드립시다.

5장.
복음을

1. 복음이라는 단어를 들을 때 내 안에서 일어나는 반응은 무엇입니까? 기쁨과 감사, 감격과 소중함입니까, 아니면 무덤덤한 느낌입니까? 그 이유는 무엇입니까?

2. 예수가 우리에게 복음인 첫 번째 이유에 대해서 설명하고 나 자신에게 예수가 복음인지에 대해서 이야기를 나누어보십시오.

3. 실제 삶 속에서 하나님 나라 백성으로 살아낸다는 것은 쉬운 일이 아닙니다. 어떤 면이 특별히 어렵습니까? 그럼에도 불구하고 그의 나라 백성의 정체성을 놓치지 않고 살아갈

수 있는 이유와 예수님이 어떤 연관성이 있는지 이야기해 보십시오.

4. 예수께서 우리로 하여금 하나님 나라를 상속받게 하신다는 말씀이 내게 정말 복음입니까? 나는 복음이신 예수님을 통해서 어떤 소망을 가지게 되었습니까?

5. 함께 기도하기 : 우리에게 복음 자체이신 예수님을 기뻐하며 감사의 제목을 나누십시오. 그리고 각자 옆 사람의 감사 제목으로 하나님께 감사의 기도를 올려드리십시오. 우리가 하나님 나라 백성으로 이 세상에서 살아내기 위해서 어떻게 복음이신 예수님을 의지해야 할지 나누고 기도합시다. 더 나아가 하나님 나라를 상속하게 되는 소망을 더욱 선명히 품을 수 있도록 기도합시다.

6장.
믿어라 & 마지막 당부

1. 한국 교회를 병들게 하는 것 중 단연 1위는 믿음에 대한 잘못된 생각입니다. 잘못된 믿음을 설명해 보고, 내가 잘못 알고 있었던 왜곡된 개념은 무엇인지 나누어보십시오.

2. 마가복음 전체에서 이야기하는 믿음을 정리해 봅시다.

3. 마가복음은 특별히 세 가지 영역에 있어서 우리가 믿어야 할 내용을 이야기하고 있습니다. 그 내용은 무엇입니까?

4. 내가 속한 공동체나 교회는 하나님 나라를 드러내고 있습니까? 어떤 면에서 그렇고, 어떤 면에서 그렇지 않습니까? 하나님 나라 복음으로 회복되고 변화되어야 할 부분은 무엇입니까?

5. 함께 기도하기 : 우리가 진정으로 믿어야 할 내용을 믿겠다고 주님께 기도하십시오. 그 믿음의 내용을 더욱 깊이 알아가기 위해서 각자에게 무엇이 필요한지 이야기하고, 그것을 위해서 기도하십시오. 자신이 속한 공동체와 한국 교회가 진정한 믿음을 회복하고, 하나님 나라 복음을 참으로 믿어, 이 놀라운 하나님 나라를 세상에 드러내도록 기도합시다.

청년아 때가 찼다

초판 발행	2012년 6월 15일
초판 15쇄	2024년 2월 25일
지은이	김형국
발행인	손창남
발행처	(주)죠이북스(등록 2022. 12. 27. 제2022-000070호)
주소	02576 서울시 동대문구 왕산로19바길 33, 1층
전화	(02) 925-0451 (대표 전화)
	(02) 929-3655 (영업팀)
팩스	(02) 923-3016
인쇄소	송현문화
판권소유	ⓒ(주)죠이북스
ISBN	979-11-93507-11-7 03230

책값은 뒤표지에 있습니다.
잘못된 도서는 교환하여 드립니다.
이 책 내용을 허락 없이 옮겨 사용할 수 없습니다.